海德格尔的空间阐释

——以"作为解蔽的真理"为视角

陈怡凝 著

延边大学出版社

延吉

U0670794

图书在版编目（CIP）数据

海德格尔的空间阐释：以"作为解蔽的真理"为视角 /
陈怡凝著 . — 延吉：延边大学出版社，2023.8
ISBN 978-7-230-05318-1

Ⅰ . ①海… Ⅱ . ①陈… Ⅲ . ①海德格尔 (Heidegger,
Martin 1889-1976) – 哲学思想 – 研究 Ⅳ . ① B516.54

中国国家版本馆 CIP 数据核字 (2023) 第 156494 号

海德格尔的空间阐释——以"作为解蔽的真理"为视角

著　　者：陈怡凝
责任编辑：张艳秋
封面设计：文合文化
出版发行：延边大学出版社
社　　址：吉林省延吉市公园路 977 号　　　　邮　编：133002
网　　址：http://www.ydcbs.com　　　　　　 E-mail：ydcbs@ydcbs.com
电　　话：0433-2732435　　　　　　　　　　传　真：0433-2732434
印　　刷：天津市天玺印务有限公司
开　　本：787 毫米 × 1092 毫米　1/16
印　　张：15.5
字　　数：200 千字
版　　次：2023 年 8 月第 1 版
印　　次：2024 年 3 月第 2 次印刷
书　　号：ISBN 978-7-230-05318-1

定　　价：45.00 元

前　言

　　说到海德格尔的关键问题，一般认为是存在的意义和存在的真理，这样来思考海德格尔诚然是很在理的。海德格尔讨论过的问题太多了，就算不看从存在的意义到存在的真理再到存在的地形学这条他自己概括的主线，细说也有关于时间的问题、关于语言的问题、关于技术的问题、关于事物的问题、关于根据的问题、关于历史的问题等。海德格尔对空间的阐释在他众多的问题域里通常是并不引人注目的一角。不引人注目也很自然，毕竟题目中就带了"空间"二字的只有晚期的《艺术与空间》和《艺术·雕塑·空间》这两篇，且《存在与时间》中将空间性归结为时间性的论断又给人留下了空间问题并不那么关键的印象。

　　然而，海德格尔对空间的阐释哪怕单从《存在与时间》来看也是很有独特性的。虽然《存在与时间》中对空间的讨论有自身的局限性，这一局限性也在《时间与存在》中被海德格尔本人称作"站不住脚的"，但可以说，在《存在与时间》中海德格尔最先开拓了一个将"空间"从科学意义上的物理空间拉回生活世界的视角。这个视角使得空间在一个作为意义场域的世界中显现，在此在活生生的生存处境中显现，在彼此有别的处所中显现，在事物的当下意义中显现；而不是作为同质的、均匀的、数学化的、脱离了生活经验的巨大容器。这一视角的产生与海德格尔对符合论真理的批判以及将真理阐释为"Aletheia"（无蔽）有直接的关系，而这一关系往往被忽略。正是基于作为"Aletheia"（无蔽）的真理，海德格尔所寻求的不是对事物之描述的"正确性"或"确定性"，而是事物源初地呈现给我们的过程。作为"无蔽"的真理去除的是对"源初的显现"的遮蔽，而在海德格尔看来，物理学空间的独裁就是遮蔽的一种，它之为一种遮蔽并不是说它不正确，而是说它被视为一种似乎"唯一真实"的空间掩盖了其他的空间类型，同时也掩盖了我们对空间的源初经验。基于作为"Aletheia"（无蔽）的真理，海德格尔试图回答的不是"空间是什么"而是"我们如何经验着空间，空间对我们而言如何是有意义的"，更确切地说，对海德格尔来说，存在（是）与存在（是）之领会始终纠缠在一起，因此，必须联系于"我们如何经验着空间，空间对我们而言如何是有意义的"才能恰当地思考"空间是什么"的问题。从"我们如何经验着空间"这个问题出发，海德格尔对空间的阐释植根于"有世界"的主体生存于其中的意义世界。"世界"不是指存在物的总和，而是使源初的显现得以呈现的意义场域或意义背景，即那种使"存在的意义"得以显现的"幕布"。事物在"世界"这一意义背景之上基于此在的意图与关切获得其当下的意义，事物的位置被其当下意义所调节，被其在诸存在者共同构成的指引脉络中扮演的角色所决定。也就是说，基于作为"Aletheia"（无蔽）的真理，海德格尔解构了现代科学的空间观中将事物的"位置"视为各处无差别的坐标点，将事物剥离其所处的周围世界这一视角；相应的，"空间"作为由事物的位置关系构成的动态网络，既不是客观的框架，也不是主体的认知图式，而是先于主客体二分、植根于物我相融的意义世界，被总是进行着解蔽活动的此在所组建。

综上，《存在与时间》中的空间阐释之所以有一定的"突破性"，与海德格尔对真理的阐释有密切的关系。对真理的阐释在某种程度上也促成了《存在与时间》的超越论取向—事物之解蔽植根于此在的揭示活动，此在能够理解事物植根于此在绽出的时间性，因而此在是存在之理解在存在者层次上的可能性，此在的绽出时间性是使此在的生存 - 超越得以可能的视域。这种生存论意义上的超越论在海德格尔的问题域中自有其道理，但在某种程度上，以此在为中心的超越论促成了《存在与时间》在结构上显现出的"层级关系"（hierarchical dependence），具体而言：整体结构上，空间性通过操心结构归结于时间性；在空间问题的内部结构上，其他空间类型衍生于此在生存论的空间性。这一系列的层级关系有利于《存在与时间》的整体结构，但对整体结构，或者说对"层级关系"的维护在某些角度上是空间阐释出现局限的原因。总的来说，整个《存在与时间》的空间阐释，从它的独特性、突破性到它的局限性都与真理阐释、此在与真理的关系等问题直接或间接地相关。与"Aletheia"相关的诸多问题可以说是分析《存在与时间》的空间阐释无法绕过的根本问题。

后期的海德格尔与《存在与时间》中那种以此在为中心的超越论渐行渐远。将空间性归结为时间性之"站不住脚"可以说是《存在与时间》中超越论最浓的部分，作为海德格尔几乎唯一一次用"站不住脚"来形容自己的结论，或许可以认为对这一结论的修正始终贯穿着后期的路径，并运行在对此在与存在、世界、真理之间关系的重新思考中。实际上，虽然海德格尔后期直接在题目中明言空间的文章不多，但如《艺术作品的本源》《筑·居·思》《物》《人诗意地栖居》《世界图像的时代》等并未明言空间的文章中都包含了对空间问题的思考。空间问题也同样穿插在《巴门尼德》《哲学献文》《荷尔德林诗的阐释》《物的追问》等后期著作中，虽然不是以独自成题的方式。不以独自成题的方式出现并不代表空间问题的不重要，而是代表着空间问题与其他问题的关联性。既然对于海德格尔来说空间不是客观的对象，那么它只能显现在与其他问题的关联中，如关于事物的问题，关于切近的问题，关于四重整体的问题，关于栖居的问题，关于处所和敞开域的问题，关于大地的问题，关于自然（physis）的问题，等等。而这些问题都与作为解蔽与遮蔽之二重运作的"Aletheia"分不开，它们在海德格尔对"Aletheia"愈加深入的思考中出现并逐渐深化，与此同时，空间问题作为一个与这些问题关联着的问题，呈现出越来越丰富的轮廓。因而可以说，在海德格尔的哲学中空间问题向来都是在关于真理的问题域中得到阐释的，同时，从空间问题出发，还可以牵带出海德格尔从前期到后期在诸多问题上的坚持与"转向"——如果我们把思想上具有连续性的扩深姑且称作"转向"的话。

但海德格尔的一些其他问题诚然太耀眼了，所以他对空间问题的阐释乍一看似乎有点不太主要，事物、大地、自然、切近、栖居、真理阐释的进路、超越论的转向等等，这些都大可以抛开空间来谈，所以从空间入手讨论其他问题的文章就并不是那么多。但这显然不代表海德格尔的空间阐释是不重要的。它不仅不是不重要的，而且还是对后来的哲学家有很大启示的。例如，梅洛-庞蒂对具身性空间的阐释继承了海德格尔将空间植根于经验世界，福柯对异质空间的阐释继承了海德格尔将空间的敞开植根于各自有别的处所……

因此，不仅海德格尔对空间的阐释是比较重要的，而且如果要研究空间也几乎绕不开海德格尔，同时，海德格尔也是几乎唯一一个将空间问题与如此之多的问题域关联起来的哲学家。从海德格尔的空间阐释出发，既可以与现代科学的物理空间进行比较，也可以与亚里士多德的希腊空间进行比较，还可以与海德格尔之后的现象空间以及后现代空间相互接续，可以说是思考"空间"的一个很好的枢纽。同时，空间问题既关联于海德格尔最关键的问题"Aletheia"，又伴随着海德格尔哲学从前期到后期的接续与"转向"，因而也是研究海德格尔哲学的一个适当入口。

本书将海德格尔从《存在与时间》到后期的空间阐释作为主要的研究内容。为了更具体地探入这一问题域，将尝试以哲学史上一些比较有代表性的空间阐释为背景分析海德格尔空间阐释的独特性，探究海德格尔的空间阐释在什么程度上在其关键问题——真理问题——的问题域中展开，并分析空间阐释如何伴随着海德格尔在真理问题上的逐步深入而更加丰富。

在这一研究框架下，将本书分为五章。其中，第一章将以亚里士多德和笛卡尔为例，分析前现代的空间阐释和科学视角下的空间，为引出海德格尔的空间阐释做铺垫。第二章和第三章将围绕《存在与时间》中的空间阐释展开。其中，第二章着重讨论海德格尔的空间阐释与他的真理阐释之间的关系，即分析海德格尔空间阐释的突破性；第三章则试图分析《存在与时间》中空间阐释的缺憾之处及其根源，为展开海德格尔后期对空间的重新思考做准备。第四章将从海德格尔的关键追问和总体路径出发，讨论海德格尔后期对"源初空间"的思考，并分析后期空间阐释的扩深及其与真理问题的内在关联。最后，在第五章尝试着以梅洛 - 庞蒂和福柯为例，分析海德格尔的空间阐释如何具体地影响了后来哲学家对空间与意义的思考，从这一出发点启程，空间问题还有哪些更加丰富的面向。

目　录

第一章

海德格尔之前的空间阐释

——以亚里士多德和笛卡尔为例

第一节　亚里士多德的空间阐释

一、亚里士多德时代的空间解释

在讨论海德格尔对空间的阐释之前，首先回顾哲学史上有关空间问题的几个重要"节点"，用以在后面的章节中通过比较来廓清海德格尔的空间阐释究竟在何种意义上是具有革命性的，又在何种意义上是有所继承，他批判什么、主张什么。西方哲学史上对空间的讨论非常多，依次列举它们并不是本书的主要内容，因而选取几个与海德格尔对空间的阐释相关性比较强，同时也比较有代表性的空间阐释进行分析和比较。

首先从亚里士多德对空间的阐释开始。亚里士多德对空间的阐释代表着一种朴素的、植根于生存经验的空间观。而海德格尔对空间的阐释恰恰基于"我们如何经验空间"，基于对源初的生存现象的回溯。从这一倾向而言，海德格尔所批判的空间观概括地来说就是近代科学所代表的无世界性的物理空间，这一批判使海德格尔对空间的阐释倾向于亚里士多德尚未经过量化和数学表达的空间。同时，亚里士多德对空间的阐释在哲学史上本身比较典型：亚里士多德是第一个系统地讨论空间的哲学家，在近代科学视角下的空间观出现之前，人们一直在亚里士多德的框架下思考空间。因此，从亚里士多德出发也能够更方便地为其他空间类型提供参照。

　　亚里士多德对空间的阐释坐落在希腊时代的世界图景中。希腊时代所理解的空间与近代有很大区别。近代科学对空间的阐释有两个主要特征：背景化和几何化。[①] 背景化指的是空间被当作唯一且绝对的背景。物体的运动和位置都参照着作为绝对参照系的空间而被思考。无论物体静止还是运动都是在作为绝对背景的空间中，且物体的运动或静止不会对作为背景的空间有任何影响。也就是说，作为绝对背景的空间是独立于物体的实体，它与物体的运动没有物理关联，而是为运动和静止以及物体的位置提供数学属性：物体的位置由空间这一绝对参照系给出，是坐标系中的坐标点；运动中的位移参照着空间这一坐标系被确定，物体之间的相对运动以绝对的参照系为基础得到理解。几何化指的是空间无限延展，且具有均质化、各向同性的特点。以空间的背景化和几何化为基础，空间得以完全地用数学的方式量化与表达，且可以设想空无一物的空间。

　　现代人已经习惯于将空间思考为无限的、唯一的、各向同质的巨大容器，这一观念植根于对空间的背景化和几何化特征的预设。虽然空间的背景化和几何化特征如今已几乎成为不言自明的事实，但人类并非从一开始就这样。从古希腊开始，空间就已经被概念化、抽象化地思考，只不过希腊时代的世界图景与近代和现代有很大的区别。首先，空间的背景化和几何化特征尚未在希腊人那里出现，这一点是希腊空间概念与近代空间概念差别巨大的主要原因。而且，虽然希腊人试图在对空间的经验中提炼出某种具有普遍性的内容，但这些普遍性的内容更多地植根于形而上

[①] 吴国盛. 希腊空间概念 [M]. 北京：中国人民大学出版社，2010：4.

学，植根于希腊人的宇宙观和自然观，并致力于为宇宙提供一套整体性的解释，这些解释中包括宇宙的秩序和事物如何存在，有关空间的问题需要为这些更加根本的形而上学框架服务，在此基础上，对空间的讨论始终与事物及事物的存在紧密关联。亚里士多德就是一个典型的例子，亚里士多德的《物理学》不是现代意义上用仪器和实验来观测物理现象的"物理学"①，而是一部关于自然哲学的著作，首先，其落脚点在于哲学，也就是说，《物理学》对自然和宇宙提供的解释被安置于亚里士多德的形而上学框架中。②其次，这些以形而上学为基础对自然界做出的整体性解释可以说是基于生活经验来阐释事物的现象，与仪器的观测不同，对这些基于现象的自然概念的考察中充满了感性内容。③

二、亚里士多德对 topos 的解释

希腊人用来讨论空间的概念不止一个，如虚空（void）、处所（topos）和柏拉图所说的"chora"等。其中，"topos"是亚里士多德用来讨论"空间"的主要概念，且这个概念对整个希腊的空间阐释而言具有一定的重要性。

"topos"的英译大多是"place"，中文把 topos 翻译成"空间""地点"④"位置""处所"的都有，但 topos 意指的绝不是现代意义上的"空间"。现代意义上的"空间"（space）不与任何一个希腊空间概念相对应，⑤而是来自拉丁语"spatium"，指间歇和距离。吴国盛认为，在 topos 这个概念的诸多翻译中，"处所"

---

① 戴维·林德伯格. 西方科学的起源 [M]. 张卜天，译. 北京：商务印书馆，2001：289.
② 亚里士多德. 物理学 [M]. 徐开来，译. 北京：中国人民大学出版社，1996：9.
③ 陈嘉映. 自然哲学与近代物理学之辩 [J]. 学术月刊. 2006，38（5）.
④ 亚里士多德. 物理学 [M]. 徐开来，译. 北京：中国人民大学出版社，1991.
⑤ 吴国盛. 希腊人的空间概念 [J]. 哲学研究，1992，11.

这个翻译更接近于 topos 的具体意涵。①

与近代人和现代人对"space"的理解不同，第一，topos 指的并不是所有事物共有的唯一背景，而是具体事物的直接处所。"直接处所"意味着一个物体的 topos 与该物体直接地接壤，如钢笔在桌子上则与钢笔直接接触的那部分桌子是钢笔的 topos，但不能说宇宙是钢笔的 topos。在亚里士多德那里，虽然也谈到过共同处所，但共同处所指的并不是事物直接地置身于其中的共同背景，而是指通过一系列越来越大的包容物间接地处于共同处所之中。只有当直接的分享性处所出现之后，现代空间才有可能出现。②

第二，topos（处所）必然是某一个物体的处所，不能设想没有物体却有 topos（处所）。也就是说，没有一个准备好的、空缺着的"处所"等着不同的物体坐进去。

第三，物体的 topos 是可变的，每一个事物在当下时刻拥有一个 topos。"一个 topos 是属于特定时刻的特定物体的，在同一个物体的另一个时刻或同一个时刻的另一物体所拥有的就是另一个 topos 了。"③也就是说，虽然 topos 总是某个物体的 topos，但 topos 并不是物体的内在属性，而是那种当下包围着物体并同时可以与物体相分离的东西，当某一物体从它的处所中被移走了，处所将成为另一物体的处所，如瓶子中的水被倒出之后空气灌了进去，瓶子的内界面就成为了空气的处所。④

从以上三点可以看出"topos"与"space"的诸种差别，但

① 吴国盛. 希腊空间概念 [M]. 北京：中国人民大学出版社，2010：5.
② 吴国盛. 希腊空间概念 [M]. 北京：中国人民大学出版社，2010：59.
③ 吴国盛. 希腊空间概念 [M]. 北京：中国人民大学出版社，2010：7.
④ 吴国盛. 希腊空间概念 [M]. 北京：中国人民大学出版社，2010：36.

依然没有具体阐释亚里士多德在 topos 这个概念之下所思考的是什么。可以从与 topos 相关的界面概念及天然处所概念入手分析亚里士多德如何思考处所。

关于界面概念，亚里士多德认为，一个物体的 topos（处所）是物体的直接包围者的内界面。例如，如果一个瓶子里面装满了水，则与水接触的瓶子内界面就是水的 topos，如果瓶子里装了半瓶水，则水的 topos 就是与水接触的瓶子内界面和与水接触的瓶内空气的封闭曲面。可见，首先，一个物体的 topos 不是这个物体本身的一部分，而是可与物体分离的，或者换句话说，是其他物体的某一部分。其次，一个物体的 topos 与被包围的物体大小一样。从这两个方面可以看出，没有任何一个作为纯粹的"topos"的物体，一个物体的 topos 必然是其他物体的某一个界面，那么在 topos 这个概念中被反映的实际上是不同物体之间的参照关系，[1]是为了将物体的"在哪里"在参照关系中给出，也就是说，topos 是一种描述物体之间关系的概念，而不是对某一类专门作为 topos 的实体的描述（而 space 就是一个作为"空间"的实体）。[2]这也是为什么虽然水的外界面实际上与水的 topos 大小一样且互相重合，但不能说水的 topos 是水的外界面，因为在后面这种表述中水"在哪里"的问题被消抹掉了：水将永远在水自身之中。正是在 topos 作为一种对关系的表述这层意义上，亚里士多德认为宇宙没有处所，因为宇宙作为一个全体，而全体之外再无他物，所以没有能够与宇宙这一全体接壤的其他物体，因而宇宙没有 topos。

---

[1] Bostock D. Space, Time, Matterand Form: Essays on Aristotle's Physics[M]. Oxford: Clarendon Press, 2006, p.134.

[2] Sambursky . The Physical World of the Greeks[M]. Princeton University Press, 1956, p.96.

　　从 topos 的界面概念可以看出，亚里士多德用 topos 这个概念表述物体之间的位置关系或接触关系，而物体之间的位置关系不以任何绝对的参照系以及分享性的处所为背景。同时，topos 不是任何物体的内在属性，既不是物体的形式也不是物体的质料，因为无论是形式还是质料都无法表述物体之间的接触关系。如水和瓶子的例子中，水的形式是水自身的界限，即水的外界面，水的形式既不与水分离也不包围水，水的质料也一样。

　　topos 的界面概念可以说是空间关系论的来源。[①] 但亚里士多德对 topos 的阐释不只包含不同物体之间的接触关系这一个面向。通过天然处所概念，亚里士多德将物体的处所与物体的本性关联在一起，并将处所作为对物体之本性的一种表现。

　　亚里士多德认为，每一个事物都有一个与其固有属性相配的"天然处所"，因每个事物都有自己的"天然处所"，宇宙的秩序得以被确立。[②] 换句话说，宇宙之所以能够作为一个有秩序的整体，是因为"万物各有其位置"。"万物各有其位置"这一观念不仅出现在亚里士多德这里，而是广泛地出现在希腊人的宇宙观、自然观以及形而上学中，并对直到笛卡尔的坐标系和牛顿的绝对空间出现之前的天文学都有广泛的影响。

　　在亚里士多德这里，这一观念体现得尤为明显。亚里士多德认为，物体在不受外力作用的情况下，会依照自己的本性进行"天然运动"。"天然运动"指的是物体依照自己的本性自发地向着它的"天然处所"而运动。"天然处所"是依物体的本性而决定的"物体该在的地方"，比如在不受外力作用的情况下，水自

[①] 吴国盛. 希腊空间概念 [M]. 北京：中国人民大学出版社，2010：36.
[②] 陈嘉映. 哲学科学常识 [M]. 北京：中信出版社，2018：101.

然地往低处流,气自然地向上升。每一个物体依其本性有自己的天然处所,物体朝向其天然处所的运动就好比事物依其本性趋向着最终目的、向着潜能实现。

依此可见,由于物体的天然处所是由物体的本性决定的,所以物体的天然处所不是相对的,而是绝对的。也就是说,首先,一个物质的天然处所是依其固有属性而被"固定"的,而不是偶然的或随着与其他物体之间的关系更变。其次,与绝对空间中各位置之间没有差别不同,各个物体的天然处所之间有绝对的差异,正如不同物体的固有属性有绝对的差异且既不是在与其他物体的参照中被相对地确定,也不会随着与其他物体的关系而发生改变。因而在亚里士多德对天然处所的阐释中,天然处所之上下左右各具意义且这些位置有绝对的差异。[1] 天然处所之间不仅有差异,而且还有不均匀的等级结构。[2] 亚里士多德将月球以上的世界称为月上世界,将月球以下的世界称为月下世界或地界。月上世界由透明的以太构成,月下世界(地界)由水土气火四种元素构成,[3] 亚里士多德认为月上世界中的事物总是处于天然处所中,因而月上世界是稳定的、不生灭的,已在其最终归宿中。而月下世界(地界)之所以没有像月上世界那样处于稳定的秩序之中,是因为:其一,总有外力干扰物体的天然运动;其二,地上的物质并非只包含纯粹的元素,而是更多地由复杂的元素构成,这些复合物质又不断地瓦解和生成新的物质,因而地界上的事物才不能安然地固定于其天然处所,而是处于持续的纷乱与尚未完成中。[4]

---

[1] Aristotle.The Physics[M]. P. H. Wicksteed / F. M. Cornford,Trans.Harvard University Press,1934:208b8–15.

[2] 吴国盛 . 宇宙论的历史与哲学 [J]. 自然辩证法通讯, 1990, 70(6).

[3] 陈嘉映 . 哲学科学常识 [M]. 北京:中信出版社, 2018 : 99.

[4] 陈嘉映 . 从希腊天学到哥白尼革命 [J]. 云南大学学报(社会科学版), 2007, 6(1).

同时，从亚里士多德的潜能 - 现实论而言，静止意味着已经实现自己的潜能并处于自足之中，运动意味着潜能的尚未实现和尚不能自足，因而月上世界作为一个物体安然地固定于其天然处所中的世界是更"高贵"的，是神明的居所，而地界则次之。

天然处所这一概念与亚里士多德对"运动"的思考紧密相关。物质因其固有属性向着天然处所进行天然运动是"运动"能够发生的原因，在这个意义上，亚里士多德将运动理解为物质与属于它的天然处所之间的关系。从这一点可以看出亚里士多德在对"运动"的思考中试图回答的是"运动为何发生"以及"运动如何发生"。①这一面向在亚里士多德对另一个比较重要的希腊空间概念——虚空（void）——的反对中可见一斑。

"虚空"的概念主要由古代原子论者提出，在古代原子论者看来，"虚空"是一种将实在物隔开的非存在物，虚空与原子对立，是原子之间的间隙。②虽然凭现代人的直觉来看，虚空容易被想象成与现代意义上的"space"非常类似的东西，但二者有根本的区别。物体在"space"中并以"space"为背景，而原子不在虚空中且不以虚空为背景，也就是说，虚空并不是原子的容器。③古代原子论者用虚空这个概念阐释"运动"的合理性，认为一个物体之所以能够从 a 点运动到 b 点，前提是 b 点上本没有其他物体，即 b 点本来是"虚空"，因为若 b 点本不是虚空，则会发生同一个位置上有两个物体这种悖论。④虽然虚空这个概念与"space"有根本的区别，但可以看出从虚空而来被理解的"运

① Anagnostopoulos, Georgios,edited. A Companion to Aristotle[C].Wiley–Blackwell,2009.
② 亚里士多德 . 物理学 [M]. 徐开来，译 . 北京 : 中国人民大学出版社，1996 : 102.
③ 吴国盛 . 希腊人的空间概念 [J]. 哲学研究，1992.
④ 王典 . 亚里士多德空间观的逻辑进程 [J]. 外国哲学研究，2016，264（3）.

动"是类机械论的,顺延着对虚空与运动的思考或许可以发展出与近代科学的空间观非常相似的空间观。但亚里士多德显然不属于这一脉,在亚里士多德看来,原子论者在对虚空与运动的问题的讨论中将"运动"局限于物体在同一状态下发生的位移,而将"虚空"作为位移发生的场所既没有阐释出位移为何发生,也没有阐释出位移如何发生,且这种对位移的讨论并没有囊括在"运动"这一概念中包含的全部含义,因为物体的运动还包括状态的改变和生灭的变化,即物体从潜能向现实的运动,如水变成气也是从自然界这一整体中的一部分移至另一个部分。因而亚里士多德认为虚空这个概念无法对运动提供所需的解释。①

从亚里士多德对虚空的反对中可以看出,在亚里士多德对运动和处所的思考中,"事物之存在"这个问题始终在思考的范围中,例如在对"位移为何发生""位移如何发生"以及对"何为'运动'"的理解中都包含着事物的本性和"事物如何依其本性而存在"的思考。②从这些发问的入手点来看,亚里士多德对运动与处所的思考都无法脱离具体的物体的存在及其存在现象。正是在这个意义上,如海德格尔所言,亚里士多德相比于典型的形而上学家更像是一个现象学家。③"依具体的经验思考存在现象"这一共同特征或许是海德格尔对空间的讨论与亚里士多德有较强亲缘性的根本原因。

---

① Machamer P K. Aristotle on Natural Place and Natural Motion [J]. Isis, 1978. 69(248): 377－387.

② Mendell H. Topoi on Topos: The Development of Aristotle's Concept of Place[J]. Phronesis, 1987. 32: 206－231.

③ Thomas Sheehan. Making sense of Heidegger:a paradigm shift[M]. London: Rowman & Littlefield International Ltd,2015:13.

三、亚里士多德的"无限""有限""边界"

亚里士多德对"无限""有限"和"边界"的理解与现代科学有很大的区别。当现代科学将宇宙称为"无限的"时，"无限"指的是宇宙的体积和尺度无穷大，[①] 从某种角度上而言，这种"无限"意味着丰饶。[②] 但在亚里士多德这里，"无限"不是指无穷大与丰饶，而是指"无界限"意义上的"尚未开始"、尚未以一个界限划定自身的本质。亚里士多德认为，但凡是已经有了规定并在规定中划定了自身的本质的物体，都不可能是无限的。[③] 也就是说，任何有其本质的物体都会有自身的界限，比如物体的天然处所就代表着这样一个界限，从其本质而言物体就应在此处。因此，一个无限的物体意味着这个物体尚未真正地存在，或者说，根本不存在无限的实体，无限只能作为一个潜能性的概念，[④] 如设想一条有具体长度的线段无限可分，但一个无限的可感物体是不可能存在的。[⑤] 因为一个存在着的物体必然会有处所，而处所作为"包围者"本身就意味着对界限的划定，所以"物体"与"无限"这两个概念是互相矛盾的。[⑥]

从对"无限"的分析中可见，"有限"在亚里士多德这里并不意味着消极意义上的"触碰到自身的尽头"，而恰恰意味着"能

---

① 吴国盛. 希腊空间概念 [M]. 北京：中国人民大学出版社，2010：44.

② 亚历山大·柯瓦雷. 从封闭世界到无限宇宙 [M]. 张卜天，译. 北京：商务印书馆，2016：89.

③ Morison B. On Location: Aristotle's Concept of Place[M]. Oxford: Clarendon Press, 2002.

④ Thomas Sheehan. Making sense of Heidegger:a paradigm shift[M]. London: Rowman & Littlefield International Ltd,2015:40.

⑤ 亚里士多德. 物理学 [M]. 徐开来，译. 北京：中国人民大学出版社，1996：85.

⑥ Aristotle.The Physics[M]. P. H. Wicksteed / F. M. Cornford,Trans.Harvard University Press,1934:204b5.

够从此处得以开始",能够有一个作为起点的界限,有一个目的,进而向着目的运动,当物体实现了其目的的时候,物体所达到的不是消极意义上的终结,而是实现了完成和圆满。① 同理,"边界"也不意味着桎梏意义上的"到此为止",而是物体因其本性而获得的存在环围。

亚里士多德对无限、有限和边界的理解对他的天学有很大的影响。在亚里士多德看来,宇宙必然是有限且封闭的,因为宇宙若是无限的,则宇宙便无法在秩序中运行。基于宇宙之有限,宇宙这一整体中的各物质才能得其本质、得其界限和所处,宇宙才能够处于规律和秩序之中。而且,对于亚里士多德而言,"无限"并不是意味着此外全无,而是意味着此外永有。② 也就是说,若宇宙是无限的,则宇宙这个全体之外总还有其他物体,那么宇宙就不能称之为全体了。宇宙无限的观点可以说与亚里士多德的整个形而上学以及自然目的论相违背。在亚里士多德看来,作为整体的宇宙与自然不仅是有限的而且是有秩序的,或者说,因其确实有秩序和规律所以必然是有限的。

与亚里士多德对无限、有限和边界的理解相应,亚里士多德认为圆周这一封闭的形状意味着圆满(perfection),这种圆满与神性连接在一起,如天体是神明的居所,因而天体的运动是圆形的。一部分是由于对"圆形代表圆满和神性"这一点的认识,所以从古希腊一直到哥白尼时代的自然哲学家和科学家都默认行星以正圆为轨迹运行,直到开普勒发现行星其实是以椭圆为轨迹。③

---

① Thomas Sheehan. Making sense of Heidegger:a paradigm shift[M]. London: Rowman & Littlefield International Ltd, 2015:24.

② 亚里士多德. 物理学 [M]. 徐开来,译. 北京:中国人民大学出版社,1996:87.

③ 陈嘉映. 从希腊天学到哥白尼革命 [J]. 云南大学学报(社会科学版),2007,6(1).

与圆形代表着圆满，无限代表着全然的不圆满相似，亚里士多德认为静止代表高贵，而变动则是尚未完全的。因而亚里士多德建立的宇宙秩序是以"不动"为美，处于"不动"之中意味着在自身的有限性中、在因其本质而划定的边界之内。亚里士多德的这一观念同样也对后世的天文学有比较深远的影响，如哥白尼对日心说的辩论中就出现了"因太阳是更加高贵的，所以太阳不动地球动"这一说法。

从对 topos 的界面概念、天然处所概念，以及亚里士多德对无限、有限、边界等概念的考量而言，亚里士多德将宇宙阐释为一个运行于秩序之中和谐整体，这一整体的封闭性使秩序得以可能，各个处所在整体中具有自身的意义，事物被安放在天然处所之上便是被安放于自身的本性之中。可以说，亚里士多德的整个宇宙论与背景化和几何化的现代科学空间观属于完全不同的两个范式，或者说，如果要发展出现代科学的思考范式，则亚里士多德的范式必然在相当大的程度上被瓦解，这是从亚里士多德的封闭世界到牛顿的无限宇宙需要长达两千多年的转化的部分原因。从科学的角度而言，亚里士多德提供的宇宙论阐释相当大的部分是"错误的"，但这并不意味着亚里士多德的范式本身是错误的，也不意味着与亚里士多德的宇宙论相关的诸多形而上学问题是错误的，或"尚未开化"的。实情倒更多地可以反过来看，现代科学的空间观是一种对空间的概念化抽象，虽然这种抽象基于数学的演绎具有一定的确定性，但却不是唯一的概念化方式，亦如希腊人用虚空、处所等概念表述空间，康德用主体的先天形式表述空间，种种方式都是从不同的侧面对空间进行表述，每一种表述从根本上而言都无法完全脱离对空间的经验，而亚里士多德恰恰更多的是从对空间的经验出发。正如每一个时代有自身的科学范式，而对空间的经验却并无根本的区别，那么亚里士多德对空间的阐释就始终具有指导性的意义，亦如海德格尔从生存之处境性的角度对空间问题的思考也同样适用于每一个时代。

第二节　笛卡尔的空间阐释

一、从亚里士多德的封闭世界到笛卡尔的无定限宇宙

在亚里士多德看来，世界是一个由一系列处处有别的位置构成的封闭有限的和谐整体。总体而言，中世纪的空间观念处于亚里士多德的框架之下，是通过可观察的感性图景对有关空间的自然概念进行形而上学考察。直到笛卡尔和牛顿那里，感性图景才被严格的数学、物理学方法所取代。如库恩在《科学中的革命》中所说，从亚里士多德"物理学"到牛顿物理学的转变与从牛顿到爱因斯坦的转变不同，从牛顿到爱因斯坦的转变发生在物理学这一学科之内，而从亚里士多德到牛顿的转变则是从自然哲学到物理学的"类别"与"范式"上的转变，[①] 在这一范式的转变中发生根本变化的是对什么是"知"的认识。[②]

范式的更迭酝酿在潜移默化的转变中。通常认为，中世纪晚期的库萨的尼古拉作为无限宇宙的先驱首先推翻了亚里士多德作为和谐整体的有限世界。[③] 但库萨的尼古拉并没有直接断言宇

[①] 库恩. 科学中的革命 [M]. 北京：商务印书馆，1999：104.

[②] 陈嘉映. 自然哲学与近代物理学之辩 [J]. 学术月刊，2006，38（5）.

[③] 亚历山大·柯瓦雷. 从封闭世界到无限宇宙 [M]. 张卜天，译. 北京：商务印书馆，2016：5.

宙是无限的，而是说宇宙是无终止的，无法找到宇宙的边界。库萨的尼古拉认为，如果说世界是一个圆周，那么将意味着这个圆周总会有其边界，而边界之外就该有他物和空间，否则就无以为界。① 但是限制世界的边界实际上并不存在，所以世界不是一个有边界的圆周，那么也就不会有固定的圆心，也就是说，既然世界本没有边界，所以就无法将地球确定为没有边界世界的圆心。② 同时，世界并没有精确性和确定性，宇宙中没有固定不变的轴线、天球也不是精确运转的球体，因而地球之外的其他天球也无法被当作宇宙的圆心，那么也就没有任何一个位置具有绝对优先的价值，且所有的位置都被局限于自身有限的视角中。③

虽然库萨的尼古拉关于宇宙的一些具体论证并不是特别明确，但可以肯定且十分有进步性的是，库萨的尼古拉认为宇宙不可能被精确地认识，只能被部分地推测，同时，我们对宇宙的所有"知识"都是相对的和部分的，这种认知被库萨的尼古拉称为"有学识的无知"。④ 基于这一观点，库萨的尼古拉认为古希腊和中世纪天文学背后的理念需要被抛弃，那些理念预设了在天球的运动背后有"稳恒的实在"。在库萨的尼古拉看来，正是为了在这一设定中自圆其说，古希腊和中世纪天学才认为宇宙中的天球

---

① 亚历山大·柯瓦雷. 从封闭世界到无限宇宙 [M]. 张卜天，译. 北京：商务印书馆，2016：9.

② 亚历山大·柯瓦雷. 从封闭世界到无限宇宙 [M]. 张卜天，译. 北京：商务印书馆，2016：10.

③ 亚历山大·柯瓦雷. 从封闭世界到无限宇宙 [M]. 张卜天，译. 北京：商务印书馆，2016：13.

④ 亚历山大·柯瓦雷. 从封闭世界到无限宇宙 [M]. 张卜天，译. 北京：商务印书馆，2016：6.

进行着"环环相套"的匀速圆周运动，[①] 而这一结论显然不符合实情且掩盖了观测的视角性和局限性。

尽管库萨的尼古拉的思考方式与亚里士多德的形而上学有如此深刻的不同，但这并不代表库萨的尼古拉用类似于近代的世界图景来考量宇宙，他既没有认为空间是均一的，也不认为研究自然的首要方式是数学。[②] 虽然库萨的尼古拉部分地瓦解了亚里士多德的和谐整体宇宙观，但从论证方式而言，他几乎还是在中世纪的气息中对宇宙进行思考。[③]

真正倒转了亚里士多德的宇宙秩序论的是哥白尼的日心说。哥白尼认为，运动着的不应该是恒星天球而该是地球，原因之一在于较小物体的运动比较大物体的运动更加合理，原因之二在于更加神圣和高贵的物体应该是静止的，而在哥白尼看来太阳作为光源和生命之源更加高贵与神圣，所以地球围绕太阳运动。[④] 但是在哥白尼这里也并没有发展出无限宇宙的观念。在哥白尼看来，亚里士多德认为世界之外既没有物体，也没有处所、也没有空的空间是令人费解的，因为这意味着世界被"无"所包围。[⑤] 从对亚里士多德的质疑而言，哥白尼认为世界之外存在着空间和物质，但他并不认为世界因而是无限的，而是认为世界被一个静止

[①] 亚历山大·柯瓦雷. 从封闭世界到无限宇宙 [M]. 张卜天，译. 北京：商务印书馆，2016：13.

[②] 亚历山大·柯瓦雷. 从封闭世界到无限宇宙 [M]. 张卜天，译. 北京：商务印书馆，2016：16.

[③] 亚历山大·柯瓦雷. 从封闭世界到无限宇宙 [M]. 张卜天，译. 北京：商务印书馆，2016：20.

[④] 亚历山大·柯瓦雷. 从封闭世界到无限宇宙 [M]. 张卜天，译. 北京：商务印书馆，2016：26.

[⑤] 亚历山大·柯瓦雷. 从封闭世界到无限宇宙 [M]. 张卜天，译. 北京：商务印书馆，2016：27.

的物质天球（恒星天球）所包围，恒星天球的大小是有限的，但其界限无法估量，[①]宇宙中的一切都在恒星天球中，太阳是恒星天球的中心。[②]

从将太阳视为宇宙的中心并认为世界之外还有空间和物质而言，哥白尼不仅倒转了古希腊和中世纪的宇宙等级秩序，而且还把宇宙的范围扩大了很多。但宇宙范围的扩大与接近"无限"是两码事，与无限相比，只要一个作为界限的恒星天球依然存在，那么无论是中世纪的宇宙还是哥白尼的宇宙在是否"无限"这个问题上并无本质上的差别。[③]

直至布鲁诺，第一个明确地断言空间是"无限的"的人才出现。[④]布鲁诺认为，哥白尼的恒星天球并不存在，取代恒星天球的是包含着地球和其他星体的"星天"，"星天"向上无限延伸[⑤]且各处均匀同质。同时，因为宇宙是无穷且无限的，所以就必然无法为这个无限的宇宙找到一个中心。在布鲁诺看来，宇宙的无限恰恰象征着其完美和丰饶，[⑥]而不是亚里士多德意义上的"不完全"。在布鲁诺对无限宇宙的断言中，随着宇宙中心的丧失，地球的中心地位和人的特权地位被瓦解，亚里士多德构筑的宇宙图

[①] 亚历山大·柯瓦雷. 从封闭世界到无限宇宙 [M]. 张卜天，译. 北京：商务印书馆，2016：29.

[②] 亚历山大·柯瓦雷. 从封闭世界到无限宇宙 [M]. 张卜天，译. 北京：商务印书馆，2016：28.

[③] 亚历山大·柯瓦雷. 从封闭世界到无限宇宙 [M]. 张卜天，译. 北京：商务印书馆，2016：29.

[④] 亚历山大·柯瓦雷. 从封闭世界到无限宇宙 [M]. 张卜天，译. 北京：商务印书馆，2016：34.

[⑤] 亚历山大·柯瓦雷. 从封闭世界到无限宇宙 [M]. 张卜天，译. 北京：商务印书馆，2016：30.

[⑥] 亚历山大·柯瓦雷. 从封闭世界到无限宇宙 [M]. 张卜天，译. 北京：商务印书馆，2016：38.

景中令人安然的意义体系也随之瓦解，与之相伴的虚无主义的产生，正是在意义体系的瓦解以及随之而来的人的位置的悬空中，帕斯卡尔感叹无限的空间和永恒的沉默令人恐惧。

伴随着对无限宇宙的断言，在布鲁诺这里发生了从感性向理性的决定性转变。布鲁诺强调，虽然从感官知觉而言无限宇宙是难以设想的，但因感官知觉时常是混乱和错误的，因而并不能作为科学和哲学知识的基础。① 但对感官知觉的质疑并不代表布鲁诺是用近代科学的方式（数学的方式）得到无限宇宙的结论，事实上布鲁诺对理性的侧重是形而上学意义上的，他的论证以及他对无限的青睐均以形而上学的方式表达。尽管论证的结果深刻地影响了经验科学的发展，但这些论证本身并不基于经验科学。②

直到伽利略发明了望远镜，包括天文学在内的一切科学才真正进入了仪器时代。人类第一次超越了自然对感官的限制，③ 无论行星的数目、大小还是面貌都能够直接地被观测。同时，望远镜的发明并不是伽利略对近代科学的唯一贡献，伽利略更深远的贡献在于他以一种真正有别于中世纪经院哲学的思维方式思考宇宙，这一思维方式上的转向为笛卡尔和牛顿的研究奠定了基础。

在伽利略看来，宇宙这本大书是用数学语言写成的，这意味着自然的真实结构既不依赖于我们的感官，也不依赖于经院哲学的逻辑论证。世界的秩序是数学的，感官只是向我们揭示了以数学语言写就的世界，经院哲学中的逻辑只是用来对已经发现的内

---

① 亚历山大·柯瓦雷. 从封闭世界到无限宇宙 [M]. 张卜天，译. 北京：商务印书馆，2016：39.

② 亚历山大·柯瓦雷. 从封闭世界到无限宇宙 [M]. 张卜天，译. 北京：商务印书馆，2016：35.

③ 亚历山大·柯瓦雷. 从封闭世界到无限宇宙 [M]. 张卜天，译. 北京：商务印书馆，2016：81.

容进行思考或批判，而不能用于发现。[①]从这一思维方式出发，伽利略认为更加具有确定性的研究方式应该是这样的：我们从感觉事实中直观并分解出绝对的要素，将这些现象表达为数学形式、进行数学演绎，进而用实验对数学演绎进行证明。[②]

这种研究方式在很大程度上有别于（或者说倒转了）亚里士多德和中世纪的思维方式。其一，亚里士多德主义者所思考的更多是关于"为何"的问题，如物体的运动为何发生，在这一倾向中亚里士多德主义以及中世纪哲学将人作为事物之"为何"，将上帝作为人之"为何"，上帝作为最终的目的因，一个由低到高的因果关系秩序等级由以建立。但在亚里士多德主义者对"运动"的种种解释中，并不涉及运动是"如何"进行的，[③]也并没有试图用数学来解释运动之"如何"进行。与亚里士多德主义和中世纪经院哲学不同，伽利略试图回答的是关于运动"如何"直接地发生（如物体的加速下落以什么比例运行），这类关于"如何"的问题最适合用精确的数学来表达。

其二，出于对数学方法的侧重，出于"自然由数学这种最简明的语言写就"的信念，伽利略区分了第一性质和第二性质。在伽利略看来，第一性质是"绝对的、客观的、不变的、数学的"，第二性质是"相对的、主观的、变动的、可感的"；第一性质是知识的领域，是自然中唯一真实的性质，而第二性质是第一性质

[①] 埃德温·阿瑟·伯特. 近代物理科学的形而上学基础 [M]. 张卜天，译. 长沙：湖南科学技术出版社，2012：57.

[②] 埃德温·阿瑟·伯特. 近代物理科学的形而上学基础 [M]. 张卜天，译. 长沙：湖南科学技术出版社，2012：62.

[③] Galileo Galilei. Dialogue Concerning the Two Chief World Systems[M]. Ptolemaic and copernican,Second Revised edition. California: University of California Press, p144.

作用于感官的附属结果,①是意见和错误的领域。②伽利略对第一性质与第二性质的区分对世界图景的更换有非常重要的意义,由于在伽利略看来只有第一性质才是自然中真实的性质,那么"人"和"目的因"等在亚里士多德的世界图景中具有突出意义且无法用数学表达的内容就在很大程度上失去了重要性,甚至可以说,在伽利略的世界图景中真实的世界外在于人,人与真实的世界的唯一相连之处就是人能够发现它,且人的位置显然次要于人所能够发现的实在。③换言之,在伽利略的世界图景中,人不再作为亚里士多德的和谐整体中连接着自然和上帝的基本环节,而是几乎被流放了出去,④甚至于连上帝也被部分地流放了出去,从"最高的善"变为一部"巨大机器的创造者",⑤上帝这一创造者除了解释原子的首次出现以外并无再出现的必要,形而上学上的目的因被数学上的因果关系取代。⑥

其三,对"运动"如何直接地发生进行数学研究引发出有别于亚里士多德的研究时间和空间的方式。在亚里士多德的形而上学背景之下,物理运动与物体的属性相关,而时间和空间被视为

---

① 埃德温·阿瑟·伯特.近代物理科学的形而上学基础 [M]. 张卜天,译.长沙:湖南科学技术出版社,2012:65.

② 埃德温·阿瑟·伯特.近代物理科学的形而上学基础 [M]. 张卜天,译.长沙:湖南科学技术出版社,2012:64.

③ 埃德温·阿瑟·伯特.近代物理科学的形而上学基础 [M]. 张卜天,译.长沙:湖南科学技术出版社,2012:70.

④ 埃德温·阿瑟·伯特.近代物理科学的形而上学基础 [M]. 张卜天,译.长沙:湖南科学技术出版社,2012:71.

⑤ 埃德温·阿瑟·伯特.近代物理科学的形而上学基础 [M]. 张卜天,译.长沙:湖南科学技术出版社,2012:78.

⑥ 埃德温·阿瑟·伯特.近代物理科学的形而上学基础 [M]. 张卜天,译.长沙:湖南科学技术出版社,2012:80.

偶然因素。从哥白尼开始，物理运动就已经获得纯数学的特征，[①] 到了伽利略这里，空间和时间变成了形而上学的基本范畴，物体在时间和空间中运动，空间和时间不再是某种偶然因素。同时，真实的世界被运动着的物体构成，而物体的性质更多的用数学表达，于是一些有别于传统几何学的近代物理学概念如力、加速度、速度等出现了。[②]

伽利略对数学的侧重以及对第一性质和第二性质的阐释对笛卡尔和牛顿有非常重要的铺垫作用，但值得强调的是，即便伽利略已经用类似于近代物理学的思维方式思考宇宙，且将空间视为形而上学的基本范畴，但伽利略在断言空间是否无限这个问题上表现出非常大的克制。尽管伽利略明确否认宇宙是有限的或被恒星天球包围的，但他并没有直言宇宙是无限的。在伽利略看来，宇宙是否无限是一个尚无法解决的问题，[③]前人的诸多探讨都没有引向必然的结论，[④]虽然我们可以断言，哪怕伽利略并不确定宇宙是否是无限的也至少认为宇宙是无终止或无定限的[⑤]，但在伽利略看来，最好将"不知道"自制且明智地停留于"不知道"，而不是创造一系列不可证明的论证来形成一个完整的解释。这种实证主义的思维倾向正是思想从中世纪经院哲学转向近代科学的标

[①] 埃德温·阿瑟·伯特.近代物理科学的形而上学基础 [M].张卜天，译.长沙：湖南科学技术出版社，2012：73.
[②] 埃德温·阿瑟·伯特.近代物理科学的形而上学基础 [M].张卜天，译.长沙：湖南科学技术出版社，2012：76.
[③] 亚历山大·柯瓦雷.从封闭世界到无限宇宙 [M].张卜天，译.北京：商务印书馆，2016：85.
[④] 亚历山大·柯瓦雷.从封闭世界到无限宇宙 [M].张卜天，译.北京：商务印书馆，2016：88.
[⑤] 亚历山大·柯瓦雷.从封闭世界到无限宇宙 [M].张卜天，译.北京：商务印书馆，2016：89.

志，在实证主义的目光中一些曾经具有决定性地位的信念被重新地审视。

二、笛卡尔对空间的阐释

虽然伽利略已经在开普勒的基础上对第一性质和第二性质做出更加明确的解释，但第一个认为应该将一切科学还原为数学的人是笛卡尔。[①] 在伽利略那里，尽管只有第一性质是真实的，且第二性质是第一性质的附属结果，但伽利略的研究方式是将数学和感觉经验相结合，或者说，因为在伽利略这里数学结果需要通过感官得到证实，所以感觉经验的次要位置其实比较模糊。[②] 或许在笛卡尔看来，由于伽利略在某种程度上仍然依赖于感官经验，所以其对数学方法的推进具有某种不彻底性。

笛卡尔比伽利略更加坚持数学信念，在这一基础上，笛卡尔发明了著名的解析几何：数的领域和几何（空间）的领域精确地一一对应，空间可以完全地用数学来表达，且关于数学的真理也可以被还原为纯粹的几何性质，用空间来表达。[③] 在笛卡尔看来，数学并不是从我们对可感物的经验中抽象或虚构出来的东西，而是对可感物的感知已经依赖于我们脑中在先存在的数学观念，[④] 依赖于把理性作用于可感物。[⑤] 而我们之所以通过在先存在的数学观

[①] 亚历山大·柯瓦雷. 从封闭世界到无限宇宙 [M]. 张卜天，译. 北京：商务印书馆，2016：90.

[②] 埃德温·阿瑟·伯特. 近代物理科学的形而上学基础 [M]. 张卜天，译. 长沙：湖南科学技术出版社，2012：93.

[③] 埃德温·阿瑟·伯特. 近代物理科学的形而上学基础 [M]. 张卜天，译. 长沙：湖南科学技术出版社，2012：84.

[④] 埃德温·阿瑟·伯特. 近代物理科学的形而上学基础 [M]. 张卜天，译. 长沙：湖南科学技术出版社，2012：85.

[⑤] 埃德温·阿瑟·伯特. 近代物理科学的形而上学基础 [M]. 张卜天，译. 长沙：湖南科学技术出版社，2012：93.

念感知可感物，是由于自然世界本就是一个几何世界，它的基本特征就是空间中的广延性，[①] 而广延是某种既可以用理智来思考也可以在图形中想象的"数学"，因而从根本上而言，数学是揭示这个世界的唯一钥匙。[②]

在此基础上，笛卡尔将世界设想为一部有广延的、按照规律精确地运转的巨大机器，[③] 其中并没有伽利略试图解释的"力或吸引"，也没有开普勒试图解释的"主动力"，[④] 而是所有物体在涡旋运动中漂流，以直接地相互碰撞的方式传递运动，[⑤] 重力和速度等困难问题被消抹在"初级物质"这一承担着涡旋运动的不可见介质中，上帝只是作为运动的第一因推动了宇宙的漂流。[⑥]

笛卡尔坚持物理学与哲学的连续性，即物理定律可以从哲学原理中推导出来，[⑦] 也就是说在笛卡尔这里，对物理学原理以及宇宙观的解释始终与他的哲学阐释（如"我思故我在""心物二元论"等）接连在一起才能够形成一个自圆其说的整体。从哲学与物理学的接续性来看，似乎笛卡尔更多地符合亚里士多德的气质，而非科学的范式。但笛卡尔在这一框架下对世界与空间做出的阐

[①] 埃德温·阿瑟·伯特. 近代物理科学的形而上学基础 [M]. 张卜天，译. 长沙：湖南科学技术出版社，2012：85.

[②] 埃德温·阿瑟·伯特. 近代物理科学的形而上学基础 [M]. 张卜天，译. 长沙：湖南科学技术出版社，2012：84.

[③] 埃德温·阿瑟·伯特. 近代物理科学的形而上学基础 [M]. 张卜天，译. 长沙：湖南科学技术出版社，2012：93.

[④] 埃德温·阿瑟·伯特. 近代物理科学的形而上学基础 [M]. 张卜天，译. 长沙：湖南科学技术出版社，2012：85.

[⑤] 埃德温·阿瑟·伯特. 近代物理科学的形而上学基础 [M]. 张卜天，译. 长沙：湖南科学技术出版社，2012：89.

[⑥] 埃德温·阿瑟·伯特. 近代物理科学的形而上学基础 [M]. 张卜天，译. 长沙：湖南科学技术出版社，2012：90.

[⑦] 陈嘉映. 自然哲学与近代物理学之辩 [J]. 学术月刊，2006，38（5）.

释与亚里士多德有很大的区别。

在笛卡尔看来，我们之所以能够通过数学观念思考以广延为本质的世界，是基于上帝赋予了心灵实体一些清楚、分明的观念。依赖于上帝赋予我们的观念，心灵能够从原则上来讲，在"不犯错误"的前提下把握关于无限的观念，获得真实可靠的知识。[①]而上帝赋予心灵的那些"清楚分明"的观念是数学的而不是感觉的。所以笛卡尔认为的上帝所创造的那个世界绝对不是亚里士多德所讨论的那个丰富多彩的秩序世界、富有生活经验的世界，而是能够用数学和几何表达的世界，在这个世界中没有形而上学意义上的等级区分和等级秩序，它在内容和规律上都是同一的，只有它是同一的，它才能够用数学来表达。[②]对于这个以广延为基本性质的世界来说，神学思想对解释世界而言没有价值，感官知觉对于解释世界而言也只是提供了一些混乱的、不真实的依据，亦如神学思想和感官知觉对数学而言没有价值一样，[③]有价值的表达只能是确定且自明的。

基于这一观念，笛卡尔认为世界上只有物质和运动，或者说，能够确定和自明地被表达的只有物质和运动。同时，笛卡尔认为，物体的本质不在于重量、硬度、颜色、温度等刺激着我们的感官的东西，从一个实体的本质在于那个为其他属性提供了先

[①] 亚历山大·柯瓦雷. 从封闭世界到无限宇宙 [M]. 张卜天，译. 北京：商务印书馆，2016：89.

[②] 亚历山大·柯瓦雷. 从封闭世界到无限宇宙 [M]. 张卜天，译. 北京：商务印书馆，2016：94.

[③] 亚历山大·柯瓦雷. 从封闭世界到无限宇宙 [M]. 张卜天，译. 北京：商务印书馆，2016：90.

决条件的"最突出的属性"而言，^①物质实体的本质属性在于长、宽、高三个方向上的广延，诸如形相和运动等属性都是广延的样式，^②可以设想没有形相和运动的广延物体，但不能设想一个没有广延的物体及其形相和运动。因此，笛卡尔将物质等同于广延。

对于笛卡尔而言，"广延"必然是属于物质的，并没有不依附于物质的广延。这意味着笛卡尔否认虚空。^③笛卡尔认为，如果说两个物体之间"有"着虚空自相矛盾且没有意义，两个物体之间有虚空等于说两个物体无所分割地接触在一起。同时，如果两个物体之间确实隔着虚空，那么相隔的虚空也会有长宽高，但长宽高必然是某个物体的长宽高，所以虚空是无物的虚空不能成立。在笛卡尔看来，我们之所以感受到作为间隔的"虚空"或者说感受到关于"空"的感觉，只是由于我们没有感受到所谓的"虚空"中的那种物质，这种涡旋运动中的初级物质是某种"精细的"物质，虽然我们感觉不到它，但它和我们能够感受到的物质一样具有物质性。从对虚空的否定可以看出，笛卡尔并不认为存在着某种被物体所占据的、与物体不同的"空间"，^④笛卡尔所言的空间与物质并没有区别，空间所指的是"物体的大小、形状以及位于其他物体之间的方式"。^⑤

---

① 马丁·海德格尔.存在与时间[M].陈嘉映，译.北京：生活·读书·新知三联书店，2014：106.

② 马丁·海德格尔.存在与时间[M].陈嘉映，译.北京：生活·读书·新知三联书店，2014：105.

③ 亚历山大·柯瓦雷.从封闭世界到无限宇宙[M].张卜天，译.北京：商务印书馆，2016：90.

④ 亚历山大·柯瓦雷.从封闭世界到无限宇宙[M].张卜天，译.北京：商务印书馆，2016：91.

⑤ 亚历山大·柯瓦雷.从封闭世界到无限宇宙[M].张卜天，译.北京：商务印书馆，2016：92.

笛卡尔对空间（广延）的分析以及他的数学和几何构想似乎印证了笛卡尔认为世界是无限的，因为无论是世界的广延、物质的可分性还是星体的数目，都很难找到一个限度，以至于超出了这个限度就不可理解。[①] 但笛卡尔认为，争论是否无限没有太多意义，因为人本身是有限的，所以我们只能将不可想象的限度称为"无定限"，将"无限"归于上帝。而上帝是一个与物质世界毫无共通之处的精神实体，从笛卡尔这里精神实体与物质实体的独立二分而言，上帝根本没有广延，因而无法将上帝的"无限"延伸到物质的广延中并将其化为空间的无限，[②] 所以我们只能说，在无限的上帝创造的世界中，物质的广延无定限地延伸。而且如果说物质的广延是无限地延伸的，还有抹消上帝与其造物的区分的风险。[③]

可以很明显地看出，在笛卡尔用数学和几何表达的世界中，世界彻底地均一化了。亚里士多德那里可朽的地界与永恒的天界之间的对立被彻底地瓦解，世界不再是多重的世界，也不再是不相连的复合体，而是用广延接连成的同质统一体。这个统一体是无边无际的，以处处同质的方式被物体及其运动充满，[④] 纷繁的世界被表征在无尽的广延中并植根于作为广延的空间。同时，由于笛卡尔对精神与广延的二分，世界中只有物质的广延，精神和灵

---

① 亚历山大·柯瓦雷.从封闭世界到无限宇宙 [M].张卜天，译.北京：商务印书馆，2016：95-96.

② 亚历山大·柯瓦雷.从封闭世界到无限宇宙 [M].张卜天，译.北京：商务印书馆，2016：110.

③ 亚历山大·柯瓦雷.从封闭世界到无限宇宙 [M].张卜天，译.北京：商务印书馆，2016：112.

④ 亚历山大·柯瓦雷.从封闭世界到无限宇宙 [M].张卜天，译.北京：商务印书馆，2016：94.

魂乃至于上帝作为没有广延的实体不在世界中的任何一个地方。①
从将精神和灵魂排除于世界之外而言，笛卡尔所讨论的空间与世界决不可能是一个有灵魂的主体生活于其中的具有经验性和处境性的意义场所。

三、笛卡尔之后的空间阐释

与笛卡尔认为只有上帝是无限的、物质与精神绝对二分、物质等于广延不同。摩尔反对将物质等同于空间，坚持物质和空间有本质区分，物质在空间中运动并占据空间，而空间本身不运动，无论是否有物质，空间都不会受影响，但若没有空间，就不会有物质。②但摩尔并没有像卢克莱修一样认为空间是无限的虚空，也没有像布鲁诺和开普勒一样认为空间中充满着以太，而是认为空间中充满着上帝。在摩尔看来，上帝有广延且空间就是上帝之广延的形象。③在这个意义上，空间从某种角度而言就是上帝本身，那么如果我们认为上帝是无限的，则空间就该是无限的。④

同时，因为空间是上帝的广延，所以空间是具有神圣性的。⑤摩尔用诸多形容上帝的词汇描述空间，如无限的、不动的、同质的、不可分的、唯一的、永恒的、完全的、独立的、自持的、不

---

① 亚历山大·柯瓦雷.从封闭世界到无限宇宙 [M].张卜天，译.北京：商务印书馆，2016：125.

② 亚历山大·柯瓦雷.从封闭世界到无限宇宙 [M].张卜天，译.北京：商务印书馆，2016：115.

③ 亚历山大·柯瓦雷.从封闭世界到无限宇宙 [M].张卜天，译.北京：商务印书馆，2016：105.

④ 亚历山大·柯瓦雷.从封闭世界到无限宇宙 [M].张卜天，译.北京：商务印书馆，2016：106.

⑤ 亚历山大·柯瓦雷.从封闭世界到无限宇宙 [M].张卜天，译.北京：商务印书馆，2016：137.

可朽的。^① 可以说，在摩尔的时代，这种空间观念是一种主流，如斯宾诺莎虽然区分了两种广延（赋之于感官的广延和凭思想把握的广延），并认为赋之于感官的广延是可分的，凭思想把握的广延是无限且不可分的，但因为在他看来由思想把握的广延是上帝的本质属性，因而他也像摩尔一样将上帝空间化，将空间无限化。^② 值得一提的是，虽然这些对无限空间的探讨中，"无限"依然是通过上帝被赋予空间的，但实际上对无限空间的阐述已经与牛顿的绝对空间十分接近。

牛顿的绝对空间在摩尔的基础上进一步地将空间的无限、不动和自在向前推进。与前面提到的科学家都多少是形而上学家或者根本就是形而上学家不同，牛顿几乎完全是个科学家，^③ 虽然在牛顿的时代科学和哲学尚未完全地二分，且物理学依然被称为"自然哲学"。

在某种程度上，牛顿继承了伽利略、笛卡尔等的世界图景，认为物质世界从根本上来讲是由数学写就的世界。但与笛卡尔不同的是，牛顿并不认为存在着笛卡尔所说的先验的确定性，也不认为数学方法能够揭示关于世界的全部内容，而是认为应该将数学与实验相结合：先通过实验把握物理现象的变化方式，再对观察到的变化方式进行数学阐释，最后再用其他实验证实数学推论

---

① 亚历山大·柯瓦雷. 从封闭世界到无限宇宙 [M]. 张卜天，译. 北京：商务印书馆，2016：139.

② 亚历山大·柯瓦雷. 从封闭世界到无限宇宙 [M]. 张卜天，译. 北京：商务印书馆，2016：140.

③ 亚历山大·柯瓦雷. 从封闭世界到无限宇宙 [M]. 张卜天，译. 北京：商务印书馆，2016：144.

的可靠性。① 也就是说，与笛卡尔不同，牛顿并不认为数学的真理等同于物理的真理，而是认为数学真理的结果需要在物理上得到证实，或者说，在牛顿看来，虽然物理学上的精确理解需要用数学的语言来表达，但数学更多的是为还原物理现象服务。② 这一思路带来了实验之于思辨的优先性，以及一种比伽利略和笛卡尔更加彻底的实证主义。

从牛顿的实证主义立场来看，牛顿似乎十分看重感觉经验与数学的结合，但是在对时间和空间问题的阐释上，牛顿似乎背离了自己的经验主义。牛顿对绝对时间和绝对空间的阐释建立在明确地区分"绝对的与相对的、真实的和表现的、数学的和日常的"这一基础上。从这一基础出发，牛顿认为，真实的时间和空间与我们感受到的时间和空间不一样，我们所感受到是一些基于对可感事物的感知而产生的"流俗的经验偏见"。③ 牛顿将"真实的"时间和空间称为绝对时间和绝对空间。绝对时间是一种数学上的无限延续，依其本性均匀流逝，与外在事物无关，也不会有快慢上的变化，日常的时间是对绝对时间的量度；绝对空间也与外在事物无关，它无限且不动、处处同质。④ 也就是说，绝对时间和绝对空间都是无限的、连续的、客观的、自在的、绝对的实在，它们的自在存在与人类对时间与空间的感知没有任何关系。

① 亚历山大·柯瓦雷. 从封闭世界到无限宇宙 [M]. 张卜天，译. 北京：商务印书馆，2016：187.
② 亚历山大·柯瓦雷. 从封闭世界到无限宇宙 [M]. 张卜天，译. 北京：商务印书馆，2016：181.
③ 埃德温·阿瑟·伯特. 近代物理科学的形而上学基础 [M]. 张卜天，译. 长沙：湖南科学技术出版社，2012：208.
④ 亚历山大·柯瓦雷. 从封闭世界到无限宇宙 [M]. 张卜天，译. 北京：商务印书馆，2016：146.

　　显然，绝对空间和绝对时间不是能够用实验的方式证实的而更多是逻辑上的假设。这一逻辑上的假设是为了分析物体的运动而服务：只有在无限、不动、同质的几何空间和纯粹数学的时间中绝对运动才能够被分析，①进而才能够以绝对运动和相对运动为背景在数学上将任何一个物体的运动表达出来，也就是说，如果不预设绝对时间和绝对空间就无法研究运动与力学，对绝对时间和绝对空间的预设在某种程度上出于数学方法上的需要。②

　　基于对绝对空间的假设，牛顿否定笛卡尔认为物质等同于广延，认为在笛卡尔那里被等同于物质的空间简直是"动来动去"的，③而一个动来动去的空间显然不利于测量物体相对于它的运动和距离。④在牛顿看来，笛卡尔所描述的空间充其量是一种相对空间，且这种相对空间只是作为绝对空间的可动部分在绝对空间中运动。⑤

　　虽然牛顿对绝对空间和绝对时间的构想至少在牛顿的时代是无法用实验证明的，但从这些构想中归纳和演绎出一系列后来的科学进程，整个近代科学可以说奠基于从伽利略、笛卡尔到牛顿等作出的一系列推进中，并在牛顿这里几乎完成了对亚里士多德世界图景的更换。

---

① 埃德温·阿瑟·伯特. 近代物理科学的形而上学基础 [M]. 张卜天，译. 长沙：湖南科学技术出版社，2012：218.
② 埃德温·阿瑟·伯特. 近代物理科学的形而上学基础 [M]. 张卜天，译. 长沙：湖南科学技术出版社，2012：208.
③ 亚历山大·柯瓦雷. 从封闭世界到无限宇宙 [M]. 张卜天，译. 北京：商务印书馆，2016：146.
④ 埃德温·阿瑟·伯特. 近代物理科学的形而上学基础 [M]. 张卜天，译. 长沙：湖南科学技术出版社，2012：211.
⑤ 亚历山大·柯瓦雷. 从封闭世界到无限宇宙 [M]. 张卜天，译. 北京：商务印书馆，2016：146.

尽管在牛顿对绝对时间和绝对空间的预设中依然包含着宗教含义：上帝在空间上无处不在、在时间上永恒持续，[①] 但以绝对空间和绝对时间为框架的宇宙被表述成一个无限且无休止的、独立于人的存在的容器，物体在这个巨大的容器中机械运动，机械运动以数学的语言被表达。"真实世界"从生机勃勃的感觉世界转变成服从力学原理的规律运动的"量"的世界、从秩序的世界转变为机械的世界，人成了世界的旁观者，上帝从最高的目的因变为第一动力因，[②] 亚里士多德体系中的实在性和因果性被阐释于数学无边无际的静默中。对自然过程的观看以及对存在者之存在的究问方式在真理逐渐被数学所规定的过程中转向了另一个范式，这一新的范式并非突如其来地出现，而是一直酝酿在柏拉图的理念论中、亚里士多德对范畴的划分中、并最终在近代科学与哲学中逐渐成型，为"如何获得真理"和"我们能够获得关于什么的知识"划清理性的界限。但与此同时，事物与空间成为对象、并在成为对象的过程中与如其本然的显现相剥离，宇宙中的一切都在恒星天球中。海德格尔在《存在与时间》中所做的努力正是要从"存在的意义"和"可理解性如何可能"的角度将事物、空间、时间、世界等置回意义的场域中。

[①] 埃德温·阿瑟·伯特. 近代物理科学的形而上学基础 [M]. 张卜天，译. 长沙：湖南科学技术出版社，2012：219.

[②] 埃德温·阿瑟·伯特. 近代物理科学的形而上学基础 [M]. 张卜天，译. 长沙：湖南科学技术出版社，2012：260.

第二章

《存在与时间》中的空间阐释

第一节 《存在与时间》中的生存论空间

一、现象学空间与认识论空间—概述《存在与时间》对空间的阐释

海德格尔阐释空间的方式与笛卡尔十分不同。不同之处要从海德格尔的基本思路说起。海德格尔的现象学从胡塞尔的范畴直观和明见性得到启示并对胡塞尔进行了修正。在海德格尔看来，若如胡塞尔所言，我们以范畴直观的方式认识事物，即我们对事物的直观中包含着感性直观无法达到的对事物之"存在"的认识，那么这种对事物的"活生生的显现"的领会应该比意识的还原活动更加根本。因此，"现象如何显现自身"更关乎存在问题而非意识问题，"源初的现象"更应该是存在现象而非意识现象，意识只是事物向我们显现的方式之一。

在这个意义上，海德格尔认为，对源初现象的探究不应从"意识如何还原与建构"入手，而是应该从"事物自身所展开的形式指引"出发理解事物本身。①海德格尔的现象学是对意义世界中的"形式指引"进行解释的现象学。而"形式指引"植根于事物之间的意义关系，植根于生活世界和具体处境。生活世界和

---

① 张旭. 礼物 [M]. 北京: 北京大学出版社，2013：112.

具体处境又离不开场所、地点和人之所在。因此，海德格尔对空间的阐释是从处境性出发思考一处处具体的场所以及场所中不同事物的位置的意义关联，对场所和位置的思考又是从"可理解性"的角度入手，以可理解的场所和位置为背景，事物才能够在范畴直观与明见性中有其"无蔽"，人才能够理解事物的"存在的意义"。

上一章中提到过，笛卡尔是从确定性出发将空间抽象为广延，进而从空间性出发将"世界"阐释为广延物。在海德格尔看来，笛卡尔对世界与空间的阐释是从"我思"这种"无世界"的主体出发，而"我思"作为一种悬临于世界之上的主体"无论在存在者层次上还是在存在论层次上都和此在不相涵盖"①。从"我思"这一现成的纯粹意识出发，对"世界"的阐释脱离了我们置身于其中的生存境域，继而世界植根于作为广延的空间。而在《存在与时间》中，作为"主体"的此在是一种在世界之中、与世界相融、为自身之故与其他存在者打交道的存在者，空间从此在生存论上的"打交道"中展露出来。在这个意义上，空间首先是一种生存论现象，②因而并非世界植根于空间之中，而是空间在作为意义场域的世界之中才能够被理解。而且，只有基于对作为生存论现象的空间的先行领会才能够在认识论上将空间抽象为广延。

二、此在的空间性

基于这种对空间的理解，海德格尔在《存在与时间》的第十二节区分了两种存在方式：一种是现成存在者的存在方式（一种"范畴"意义上的空间方式），另一种是此在的存在方式（首

---

① 马丁·海德格尔. 存在与时间 [M]. 陈嘉映，王庆节，译. 北京：生活·读书·新知三联书店，2014：78.

② 王钰. 身体的位置：海德格尔空间思想演进的存在论解析 [J]. 世界哲学，2008（6）.

先并不是一种空间方式，但此在的空间方式植根于其中）。

现成存在者是"无世界"的。在海德格尔看来，虽然我们经常说桌子"依"着门，凳子"触"着墙，但哪怕它们之间的物理距离为零，也并没有发生真正意义的上的"接触"，它们只是现成地被并置在一起。从这个意义而言，"无世界"的现成存在者对空间没有组建作用，只有通过被有世界的存在者使用与组建，它们才"在现成存在中成为可通达的"。① 所以，现成存在者的存在方式是 Inwendigkeit（在之内）。② "在之内"是一种范畴性质，它表达的是"在某种确定的处所关系的意义上同某种具有相同存在方式的东西的共同现成存在"，③ 即"一个具有广袤的存在者被另一种具有广袤的存在者环围，而这两者都现成摆在空间之内"，④ 如衣服在衣柜内，水在杯子内。由此而言，作为一种存在方式的"在之内"实际上是一种现成的空间关系，现成存在者以空间的方式存在。

非现成的、有世界的存在者是此在，此在的存在方式是"在之中"。⑤ "在之中"与"世界之中"和"向来以在世界之中的方式存在着的存在者"共同构成了"在世界之中"这一此在的先天建构。⑥ 基于"在世界之中"这一先天建构，此在的空间方式不

---

① 马丁·海德格尔. 存在与时间 [M]. 陈嘉映，王庆节，译. 北京：生活·读书·新知三联书店，2014：65.
② 马丁·海德格尔. 存在与时间 [M]. 陈嘉映，王庆节，译. 北京：生活·读书·新知三联书店，2014：66.
③ 马丁·海德格尔. 存在与时间 [M]. 陈嘉映，王庆节，译. 北京：生活·读书·新知三联书店，2014：63.
④ 陈嘉映. 存在与时间读本 [M]. 桂林：广西师范大学出版社，2019：71.
⑤ 马丁·海德格尔. 存在与时间 [M]. 陈嘉映，王庆节，译. 北京：生活·读书·新知三联书店，2014：62.
⑥ 马丁·海德格尔. 存在与时间 [M]. 陈嘉映，王庆节，译. 北京：生活·读书·新知三联书店，2014：61.

是"现成的东西在空间上'一个在一个之中'",① 而是基于对世界的依寓而与其他存在者打交道，在打交道的过程中以空间性的方式存在，并通过操劳活动组建世内存在者的空间性。此在特殊的空间性在"在世界之中"这一统一现象的三个环节中被建构，我们将通过这三个生存论环节分析此在特殊的空间性。

为了与"在之内"这种现成的空间关系区分开来，海德格尔对"之中"（in）进行了词源学考察："in"源自"innan-"，"innan-"有"居住、逗留"的意思；"an"（于）意味着"我已住下，我熟悉，我习惯，我照料"。② 此在所熟悉和习惯的就是此在向来已经被抛入的生存境域，即"世界"这一整体。因而，"在之中"指的是此在依寓于世界之中，在世界中居住与逗留，与世界相熟、并与世界中的他人和其他存在者相接触、相交道。而非此在作为一种现成的存在者与现成存在的"世界"比肩而立。③ 德雷福斯将"在之中"的"in"解释为"involvement"意义上的"in"，如"in love""in the army"，用以强调"在之中"是一种"蕴于"；将"在之内"中的"in"解释为"inclusion"意义上的"in"，强调"在之内"是一种"纳于"。④ "involvement"意义上的"蕴于"首先并不是用来表达此在的空间方式而是表达此在的生存论状态，但此在特有的空间性，即那种对周围世界的空间有组建作用的生存论空间性倒要植根于此在的"在之中"，植根于

---

① 马丁·海德格尔. 存在与时间 [M]. 陈嘉映，王庆节，译. 北京：生活·读书·新知三联书店，2014：63.

② 马丁·海德格尔. 存在与时间 [M]. 陈嘉映，王庆节，译. 北京：生活·读书·新知三联书店，2014：63.

③ 马丁·海德格尔. 存在与时间 [M]. 陈嘉映，王庆节，译. 北京：生活·读书·新知三联书店，2014：64.

④ 休伯特·L.德雷福斯. 在世：评海德格尔的《存在与时间》第一篇 [M]. 朱松峰，译. 杭州：浙江大学出版社，2018：155–156.

此在这种特殊的存在者对世界的依寓。

在海德格尔看来，"此在""世界"与"在之中"作为一个统一现象的三个环节在与其他两项的参照中才能得到理解。[①] 因而在区分了"在之中"与"在之内"之后，需要对"此在"这种特殊的存在者与此在依寓于其中的"世界"进行阐释，以此分析此在特殊的空间方式。

"此在"这种特殊的存在者为何会有一种有别于其他存在者的空间方式？要从海德格尔对"此在"的阐释说起。《存在与时间》中至关重要的就是对"此在"的提出，通过对"此在"的提出，海德格尔逃离了传统形而上学。传统形而上学中，无论把人看作自我还是意识，都是将人视为一个现成的存在者，因而忽视了人特有的生存方式。[②] 海德格尔认为传统形而上学中的"主体"是"从编造出来的领会、人格、自我（ego）等概念来领会人自身"，[③] 这种阐释将人当作实体固定在某种属性中，用"是什么"的方式回答关于人的问题。而海德格尔想要回答的是"如何"。从"人如何生存"出发，人唯一的本质就是向着它的可能性去存在、从它的可能性出发为自身之故地"在世界之中"并与其他存在者相交道。因此，海德格尔用"此在"（dasein）阐释人这种特殊存在者的生存方式，强调它以敞开了它的"此"的方式去"存在"。《存在与时间》中关于时间、空间、世界以及其他概念的阐述都以对"此在"这一特殊存在者的阐释为背景提出。

从"此在"这种特殊存在者的生存方式而言，此在从在世界

[①] 马丁·海德格尔.存在与时间[M].陈嘉映，王庆节，译.北京：生活·读书·新知三联书店，2014：63.

[②] 朱清华.海德格尔对主体"自我"的解构[J].世界哲学，2009（6）.

[③] Heidegger.The Basic Problems of Phenomenology[M].Trans:Albert Hofstadter.Indiana University Press,1982,p.160

中存在开始就总是已经携带着自己的"此"（da）。"da"这个词在德语中有"这里"和"那里"的意思，可以指"我这里"和事物之"那里"，展开来说，"da"表示着此在总是携带着一块被它开敞的生存境域，在这个生存境域中此在总是从它所在的"这里"出发"有所操劳地'向那里存在'"，[①]并从事物之"那里"折返，理解自己的"这里"。

"da"显示出此在总是已经被抛于某处，"某处"不是某个现成的地点，而是此在被抛于其中的生存境域。在被抛的生存境域中，此在总是已经"同那些在它自己的世界之内向它照面的存在者的存在缚在一起"，[②]海德格尔将之称为此在的"实际性"。[③]基于此在的实际性，此在本身有一种切身的"在空间之中的存在"，即此在的生存论上的空间性。之所以说它是一种切身的"在空间之中的存在"，是因为此在的"在空间之中存在"唯植根于与世界相融过程中的现身情态、领会与理解才是可能的。而现身情态、领会与理解都是前认识论、前反思的，所以，此在特有的生存论的空间性首先并不是以主体表象客体的方式对空间进行抽象化的表象。同时，因为此在这种存在者的存在并不是精神物与身体物的现成结合，此在的"在之中"作为"involvement"也不是一种精神特性，所以相应的，此在特有的空间性也不能归属于此在的肉体性。[④]此在生存论上的空间性先于主客体二分和身心的二分，它是此在这一被抛于世界之中的非现成存在者在其操劳活

[①] 陈嘉映.存在与时间读本 [M].桂林：广西师范大学出版社，2019：115.

[②] 陈嘉映.存在与时间读本 [M].桂林：广西师范大学出版社，2019：117.

[③] 马丁·海德格尔.存在与时间 [M].陈嘉映，王庆节，译.北京：生活·读书·新知三联书店，2014：65.

[④] 马丁·海德格尔.存在与时间 [M].陈嘉映，王庆节，译.北京：生活·读书·新知三联书店，2014：66.

动中"活出来的"的一种动态的空间性，它所基于的不是现成的空间关系而是此在对世界的依寓，以及在依寓之中对其他存在者的领会。

只有此在这种存在者才能够基于被抛的处境领会和使用其他存在者。此在生存论上的空间性的敞开，此在对空间的组建基于此在的领会，此在对现身在世的领会组建着空间。

从此在的"领会"来说，此在的生存本身就是一系列的解蔽活动。"此在出于某种'能存在'而把自己指引到了某种'为了作'……而'为了作'则把某种'所用'先行标画出来。"① 此在作为"是它的可能性"的存在者向来已经寓于种种操劳和操持，② 因而此在的生存是一系列的为了自身之故"让存在者作为上到手头的东西来照面"的过程。③ 在这个过程中，"已经在一世界之中"的此在"先行于自身"获得了对"当前"的领会，并在对"当前"的领会中"寓于世内照面的存在者"。曾在、将来和当前的共同绽出使领会得以可能，基于"领会"，上到手头的世内存在者在因缘整体中了其因缘，在用具脉络中有其所处。

此在之所以能够揭示从周围世界方面来照面的存在者并将其赋予使用，④ 是因为此在的在世总已将"世界"揭示出来。⑤ 此在特殊的空间性，以及此在对世内存在者的空间的组建基于在世

---

① 马丁·海德格尔. 存在与时间 [M]. 陈嘉映，王庆节，译. 北京：生活·读书·新知三联书店，2014：101.

② 陈嘉映. 存在与时间读本 [M]. 桂林：广西师范大学出版社，2019：124.

③ 马丁·海德格尔. 存在与时间 [M]. 陈嘉映，王庆节，译. 北京：生活·读书·新知三联书店，2014：101.

④ 马丁·海德格尔. 存在与时间 [M]. 陈嘉映，王庆节，译. 北京：生活·读书·新知三联书店，2014：68.

⑤ 马丁·海德格尔. 存在与时间 [M]. 陈嘉映，王庆节，译. 北京：生活·读书·新知三联书店，2014：65.

的此在对世界的领会，因而对世界的阐释就与空间问题有直接的关联。

与传统形而上学对"世界"的阐释不同，海德格尔在《存在与时间》中将世界阐释为"一个实际上的此在作为此在'生活''在其中'"的意义场域或意义背景。[①]此在对自己的存在与能在的领会基于此在之在世，如果没有世界这个敞开的意义场域，意蕴将无法展开，此在将无可领会，操劳与操持也将无法施行。这个意义上的"世界"既不是存在者的总和，也不是某种现成的世内存在者，[②]更不是附加到现成存在着的事物总体之上的一个东西，而是可理解性意义的来源与终极背景，是存在的敞开状态。

作为可理解性意义的来源和终极背景，世界之为世界本身就是一种指引联络，作为指引联络的世界"对世内存在者起决定性的规定作用"。"唯当'有'世界，世内存在者才能来照面，才能显现为就它的存在得到揭示的存在者。"[③]但凡此在的寻视操劳通达了世内上手的东西，世界总已经先行开展了。[④]也就是说，包括此在在内的所有存在者之所以能够被理解的前提是在"世界"这个意义背景之中能够找到将其勾连于其上的东西。哪怕我们不知道"量子"是什么，也能够大概地将其划为某一大类之中；哪怕我们不知道一个希腊语单词意味着什么，也能够大概地将它理

---

① 马丁·海德格尔.存在与时间 [M].陈嘉映，王庆节，译.北京：生活·读书·新知三联书店，2014：76.

② 马丁·海德格尔.存在与时间 [M].陈嘉映，王庆节，译.北京：生活·读书·新知三联书店，2014：85.

③ 马丁·海德格尔.存在与时间 [M].陈嘉映，王庆节，译.北京：生活·读书·新知三联书店，2014：85.

④ 马丁·海德格尔.存在与时间 [M].陈嘉映，王庆节，译.北京：生活·读书·新知三联书店，2014：85.

解为"一门不懂的语言",完全的不可理解意味着某物根本无法在世界之中找到得以牵系的关联,这样的事物就不会在我们的思维中作为可通达的。在这个意义上,世界是意蕴得以生发的场所。在这个"意蕴的场所"中多种多样的"被当作……"才可能发生,事物与此在才能够在无穷种可能性中被关联起来,世内存在者的空间性,此在特有的生存论空间性才能够展开。

在这个意义上,世界标画出了此在与其他存在者的关系。[①]从此在对世界的依寓而言,事物经由此在的"在之中"以"形式指引"的方式相互关联。"此在""世界"与"在之中"作为一个统一的现象为空间的显现提供了一个独特的视角,在这个独特的视角中世内存在者的空间性被此在的生存所组建。

三、世内存在者的空间性

与日常此在最切近的是周围世界。虽然"周围世界"中的"周围"一词具有明显的空间意涵,但周围世界本身却不是首先关于空间的。在"周围世界"中起着组建作用的是"周遭","周遭"作为被意义环围着的生存境域为在周围世界中出现的事物提供了意义背景。在这个意义背景中,周围事物有其当在的位置,由当在的位置组建的空间关系"无可争议地附属于周围世界",因此事物的位置首先并不是在空间之中现成地被摆置,而是在周围世界中被有意义地给出。[②]在周围世界中最先照面的是用具,用具并非独立存在,而是在用具整体中作为"为了作……的东西"而是其所是。[③]一件用具总是对其他用具有依附关系,用具之间

[①] 陈嘉映.海德格尔哲学概论 [M].北京:商务印书馆,2014:60.
[②] 陈嘉映.海德格尔哲学概论 [M].北京:商务印书馆,2014:78.
[③] 马丁·海德格尔.存在与时间 [M].陈嘉映,王庆节,译.北京:生活·读书·新知三联书店,2014:80.

的依附关系给出了"这个"用具当下被理解的"意义"及其该在的位置。从用具之间的指引关系而言，一件用具的位置（Platz）并不是随便一个现成的"何处"，而是参照着它在用具整体中的"角色"以及其他用具的角色和位置被给出。① 换句话说，用具的位置也不是单独存在的，一个用具的位置总是位置总体中的某一个位置。② 因此，用具的整体性、周围世界中的用具脉络必然先于个别用具而被揭示，③ 在这个基础之上，个别的用具才能因其有用之处而有其所在之处。

在周围世界中先行被揭示的用具脉络就是像车间、教室这样的"场所"（Stätte）。场所首先是一种环围而不只是一个方位，④ 作为环围的场所为用具的可理解性提供了背景，每一个用具要想拥有具体的位置，需要它所在的场所以及场所中用具的因缘脉络先行敞开。⑤ 先行敞开的场所，例如一间教室，提供出教室中的具体用具应该处于场所的哪个方向。以场所的先行敞开为前提、与场所中其他用具的功能相互参照，形形色色的位置被给出。这些位置的交错构成了环绕着我们的周围情况，空间的维性蕴含在我们对场所的寻视中。⑥

---

① 马丁·海德格尔. 存在与时间 [M]. 陈嘉映，王庆节，译. 北京：生活·读书·新知三联书店，2014：120.

② 休伯特·L. 德雷福斯. 在世：评海德格尔的《存在与时间》第一篇 [M]. 朱松峰，译. 杭州：浙江大学出版社，2018：156.

③ 马丁·海德格尔. 存在与时间 [M]. 陈嘉映，王庆节，译. 北京：生活·读书·新知三联书店，2014：81.

④ 马丁·海德格尔. 存在与时间 [M]. 陈嘉映，王庆节，译. 北京：生活·读书·新知三联书店，2014：120.

⑤ 马丁·海德格尔. 存在与时间 [M]. 陈嘉映，王庆节，译. 北京：生活·读书·新知三联书店，2014：121.

⑥ 马丁·海德格尔. 存在与时间 [M]. 陈嘉映，王庆节，译. 北京：生活·读书·新知三联书店，2014：120.

交错的位置在用具的因缘整体中得到统一，这个被统一的位置关系体就是所谓的"空间"。无论是因缘整体、场所还是具体事物的位置，都被勾画在意蕴之中，而对意蕴进行理解的是此在。因此，海德格尔认为此在这种总是进行着寻视的存在者"在之中"的生存方式本身就是具有空间性的，"在之中"的空间性让上手事物能够在周围世界的空间中照面。①

"在之中"的空间性如何让上手事物在周围世界的空间中照面？或者说，"在之中"的此在如何组建空间？通过"去远"和"定向"两种方式。"去远"是此在的在世方式和存在建构、生存论性质，②它指的并不是使事物与我们之间的客观距离变近，而是说，此在的生存从本质上来说是一系列的使事物可通达的过程。

此在以"去远"的方式具有其空间性，③通过不断地去远对在周围空间中来照面的存在者有所作为。在"去远"（Entfernung）这个概念中强调的是"除去"（Ent）事物的不上手状态这一过程，这一过程本身就包含着为此在之在世提供着方向感的"定向"。此在的寻视操劳活动是包含着一系列制定方向的"去远"。④如果说在操劳活动的"去远"与"定向"中时而恰好伴随着客观距离的缩小，那么客观距离的缩小也只是一种特定的实际

---

① 马丁·海德格尔. 存在与时间 [M]. 陈嘉映，王庆节，译. 北京：生活·读书·新知三联书店，2014：121.

② 马丁·海德格尔. 存在与时间 [M]. 陈嘉映，王庆节，译. 北京：生活·读书·新知三联书店，2014：122.

③ 马丁·海德格尔. 存在与时间 [M]. 陈嘉映，王庆节，译. 北京：生活·读书·新知三联书店，2014：124.

④ 马丁·海德格尔. 存在与时间 [M]. 陈嘉映，王庆节，译. 北京：生活·读书·新知三联书店，2014：126.

性情况，而不是对"去远"这一生存论性质的定义。①

"去远"始终是为了让存在者"就绪"、更方便地上到手头，或者说，让操劳所需的存在者更加"切近"。在这个意义上，"切近"所指的也不是客观距离近，而是更易达到，更好操持，更先上手。如 100 米外有一个超市，但需要翻过一座山，1000 米外也有一个超市，但开车就可以到，则 1000 米外的超市就是更"切近"的。也就是说，是否"切近"是从操劳活动的角度上被衡量，因而"是否切近"和"如何去远"取决于正在进行寻视的那个此在②以及他当下所处的场所中的具体情境，③单凭客观距离的大小无法判定一物是否切近。或许是在先地认识到《存在与时间》中对"去远"和"切近"的阐释有将空间阐释为某种主体主义的"私人透视"的危险，海德格尔强调这种对"切近"的判断标准与主观主义或主观任意并不相关，对"切近"与"去远"的此种阐释只是为了揭示"真实世界"如何"自在存在"。

关于《存在与时间》对空间的阐释是否有落入主体主义的嫌疑，以及是否还存在着其他站得住脚的质疑等问题是第三章将要讨论的内容，因而这里暂不赘言。从《存在与时间》对空间的阐释来看，海德格尔通过提出"此在"这一向着自身的"能在"敞开生存境域的特殊主体，以及通过将"世界"阐释为使此在对事物的理解得以可能的意义场域，克服了传统认识论中物我相隔的困境。从对这一困境的克服出发，空间作为植根于意义世界的位

---

① 马丁·海德格尔. 存在与时间 [M]. 陈嘉映，王庆节，译. 北京：生活·读书·新知三联书店，2014：123.

② 马丁·海德格尔. 存在与时间 [M]. 陈嘉映，王庆节，译. 北京：生活·读书·新知三联书店，2014：124.

③ 马丁·海德格尔. 存在与时间 [M]. 陈嘉映，王庆节，译. 北京：生活·读书·新知三联书店，2014：126.

置复合体呈现出各处有别的样貌,并作为使事物得以显现的背景参与到此在对事物之意义的领会中,因而海德格尔突破了现代科学与哲学对空间的表象以及对空间的表象、对事物的对象化中生存处境的缺失。

第二节 《存在与时间》中的空间阐释与作为 Aletheia 的真理之间的关系

《存在与时间》中对空间性的分析之所以与以笛卡尔为代表的近代形而上学有很大的区别，植根于海德格尔对作为正确性的符合论真理观的批判以及将真理视为"解蔽"（Aletheia）。这一节将讨论海德格尔对符合论真理的批判、《存在与时间》中对真理的阐释，以及在两种真理阐释视角下的两种空间阐释，试图分析对空间的阐释与对真理的阐释的内在关联。

一、海德格尔对符合论真理观的评论

在符合论真理中，"真理的'处所'是命题（判断）"。[①]真理往往被认为是陈述（判断）和事情（对象）之间的符合。[②]也就是说，符合论真理追求的是陈述的正确性，是被道出的现成命题与命题所关涉的现成存在者之间的一致。[③]这一追求预设了两个前提，其一，在符合论真理中被涉及的是事物的"现成在场"。

[①] 马丁·海德格尔. 存在与时间 [M]. 陈嘉映，王庆节，译. 北京：生活·读书·新知三联书店，2014：127.

[②] 朱清华. 海德格尔的 aletheia[J]. 外国哲学，2012，6（23）：155–172.

[③] 马丁·海德格尔. 存在与时间 [M]. 陈嘉映，王庆节，译. 北京：生活·读书·新知三联书店，2014：258.

其二，存在者是通过理论性的断定而被给予我们的。①

　　海德格尔之前的哲学家对真理的认识虽然各有区别，但大体上来说，符合论真理或者说对正确性（correctness）的追求几乎垄断了真理论。在描述符合论真理的谱系时，海德格尔将其描述为一条思与存在的"堕落之路"，②在这条"堕落之路"中正确性逐步规定了存在。在海德格尔看来，前苏格拉底哲学家那里思与存在还是统一的，因为他们将存在者的存在思考为一种进入在场，这意味着他们是处身于存在者的显现之中思考这种显现的发生或在场化。而从柏拉图对共相的提出以来，"理念"作为"唯一真实的"和"永恒不变的"，为正确性提供了原型。虽然在柏拉图那里符合论真理尚未出现，但一种向正确性看齐的思维已经埋下了伏笔。③而且，理念的提出（如正义的理念，美的理念等）将关注点转向了存在者的特定方面。对这些特定方面的探究逐渐遮盖了在场的发生性，即存在者如何源初地作为一个整体性的存在者呈现给我们，一种对正确性的模型的追问逐渐代替了在场化的"发生"。亚里士多德对事物的范畴的讨论进而将事物划分为可以被言说的诸部分，事物的本质被划定在言说的界限中，存在者的显现因而在主谓结构中逐渐走向"一般化"。④这些一般化的描述看似回答了"如其本然的存在者是什么"这个问题，但对这个问

---

① Thomas Sheehan. Making sense of Heidegger:a paradigm shift[M]. London: Rowman & Littlefield International Ltd,2015:p74.

② 波尔特.存在的急迫:论海德格尔的《对哲学的献文》[M].张志和，译.上海：上海书店出版社，2009：129.

③ 波尔特.存在的急迫:论海德格尔的《对哲学的献文》[M].张志和，译.上海：上海书店出版社，2009：132.

④ Martin Heidegger .Introduction to Metaphysics[M]. Trans, Gregory Fried.Yale University Press,2000: p197.

题的回答将存在者的源初显现抽象化了,[①]并以经过抽象的"一般化"表象特殊之物。对在场的源初体验随着命题的逐步形成走向了遮蔽。

从柏拉图和亚里士多德为符合论真理埋下的伏笔而言,康德探究的先天结构是对一般化的另一种寻求,是试图用一般化的先天结构规定对在场的体验。这种规定本身是从对在场的体验抽象而来,但却反过来将真理或假象寄托给具有表象和判断能力的主体对对象的判断,[②]减弱了在这种判断中被直观的对象的源初显现,减弱了这一主体在诸存在者之中的被抛性。[③]到了笛卡尔那里,基于对确定性的追求,数学因素成为了全部知识的基础,[④]以确定性为标准,"能否被数学确定地表达"成了划定知识范围的尺度,与之相应的,能够被数学表达的程度决定了确定性或科学性的等级。简言之,"数学"成为了使事物成为知识对象的方式,它决定了事物如何被"看见"以及什么样的事物才能够被看见。

在《存在与时间》中,海德格尔专门分析过符合论真理,认为符合论真理虽然在表达上具有一定的优势,但将真理标画为现成的"符合关系"是"十分普遍而空洞的",[⑤]因为这种标画往往牺牲了丰富性和源初性。因而尽管符合论真理往往被视为"唯一正确的",但这种以"通行有效"为标准而制定的真理所带来的

---

① 波尔特.存在的急迫:论海德格尔的《对哲学的献文》[M].张志和,译.上海:上海书店出版社,2009:133.

② 伊曼努尔·康德.纯粹理性批判:第二版 [M].韦卓民,译.武汉:华中师范大学出版社,2000:82.

③ 波尔特.存在的急迫:论海德格尔的《对哲学的献文》[M].张志和,译.上海:上海书店出版社,2009:280.

④ 朱清华.海德格尔的 Aletheia[J].外国哲学,2012,6(23):155-172.

⑤ 马丁·海德格尔.存在与时间 [M].陈嘉映,王庆节,译.北京:生活·读书·新知三联书店,2014:248.

通常是遮蔽。①它之为一种遮蔽大致有几个方面，其一，符合论真理预设了事物的现成在场，而现成在场只是在场的众多方式之一。在传统形而上学对现成在场的讨论中，事物的其他在场方式如上手状态一直被忽略。②这在一定程度上导致传统形而上学并未论及对海德格尔而言的"事物本身"，而且对现成在场的预设导致了一些无法作为在场对象的东西（如存在、时间与空间等）被降格为特殊的在场对象。其二，符合论真理预设了事物的显现被逻辑学或主谓结构所规定，这意味着不能够或不便于被整合入这种道说方式中的内容将难以呈现，而这些难以呈现的部分恰恰给出了能够呈现的。其三，在符合论真理的每一个固定含义中都预设了一种永恒理念，这种预设导致了概念的固化，这种固化阻碍了对源初的显现的探究。其四，符合论真理作为一种对陈述之正确性的追求无法探入一个意义场域是如何首先呈现的，即无法探入使得诸种"作为"和"符合"得以可能的在先场域，因而无法检验自身。其五，符合论真理探询的往往是诸事物分有的普遍性，因而不仅无法探究存在者的特殊性，反而有使独一性的存在者消散于普遍性之中的危险。然而，存在者的特殊性恰恰是探入其源初的在场的必经之路。其六，符合论真理关注的是存在者的特定方面，即存在者与命题"就某方面而言"的符合关系，这一视角导致被探究的存在者不是呈现于一个整体的意义处境中，而是一个脱离世界且支离破碎的存在者。其七，符合论真理对正确性的追求预设了其断言具有"客观有效性"，"客观有效性"所具有的无时间性特征约束了事物在时间性中的显现。

---

① 朱清华. 海德格尔的 aletheia[J]. 外国哲学，2012，6（23）.

② 波尔特. 存在的急迫：论海德格尔的《对哲学的献文》[M]. 张志和，译. 上海：上海书店出版社，2009：78.

总而言之，在海德格尔看来，符合论真理虽然以某种方式揭示了存在者，但这种揭示植根于对现象的去内容、去世界化的概括，而非植根于存在者的源初呈现，它将存在者融入预设的知识范式的诸规则中，因而在揭示存在者的同时伪装了存在者。因此需要一种与符合论真理隔开一段距离的真理方式，这种真理方式将力图把我们带回到发生性的在场之中。

二、《存在与时间》中的真理阐释

在对符合论真理的解构与批判下，海德格尔沿用了希腊人表示"真理"的词"Aletheia"来思考真理，以此标示与符合论真理的区别。

作为"Aletheia"的真理与符合论真理不同，它所追求的不是确定性和正确性，而是事物源初地呈现给我们的方式。从词源学上说，"a-"是一个剥夺性的前缀，表达"去除"的意思，"lethe"表达"遮蔽"，因此"Aletheia"是"去除遮蔽"的真理，或者说是"争而后得"的真理。需要去除的是对"源初的、真实的显现"的遮蔽。因此，"去蔽"的真理观所追求的是源初的显现。"源初的显现"就是现象学的"实事本身"。

怎样才能接近"源初的显现"？要从符合论真理为何没有触及到"源初的显现"来分析。符合论真理之所以偏离或遮蔽了"源初的显现"主要有几个方面（当然不止有这几个方面）：第一，被讨论的对象没有被置于它出现于其中的"背景"或"处境"中，也就是说，被讨论之物从其处境中被"单拎"出来，以静观的方式被表达，因而这种表达缺乏使显现得以发生的视域。第二，这种"静观"的表达方式带有一种普遍的现在时 - 陈述语气，①这种表述将事项描绘成现成的符合关系，而"源初的显现"恰恰关注于开放性（非现成的）的意义如何发生。相较于"源初的显现"而言，符合论真理所表达的现成性内容是表面的。第三，符合论真理无法论及进行判断的认知主体如何就进行了判断，即无法论及固定的判断如何植根于模糊的领会，模糊的领会缘何发生又怎样逐渐固化为判断这一系列过程。而这一系列过程恰恰回答了"事物对于我们而言如何是可以通达的"，"源初的显现"是如何发生的。

因此，需要为"源初的显现"提供一个让涌现得以发生的背景视域。这一使源初的显现得以发生的背景视域就是作为意义场域的世界。海德格尔对真理的阐释首先要做的就是将这一总是已经在发挥着根源性作用的意义场域呈现出来。所以，与符合论真理试图去除诸多不确定的因素不同，作为"Aletheia"的真理恰恰是要回到无法量化的、模糊混沌的现象世界中，将"真理"从静态的变为发生性的，从现实性引向可能性，从固定性引向丰富性。海德格尔因而明确地将在世现象阐释为真理的源始现象的基础②。从在世现象出发，世界作为意义场域承担着所有可能发生的意义与关联，世界既是使事物有意义地显现于其上的"幕布"，又是使多样且变动中的关系得以发生的"培养皿"。符合论真理所提取的是在世界中已经发生了的符合关系，但在世界这个关系与意义的"培养皿"中还有很多关系与意义无法用"符合"来表达。

---

① 波尔特 . 存在的急迫：论海德格尔的《对哲学的献文》[M]. 张志和，译 . 上海：上海书店出版社，2009：140.

② 马丁·海德格尔 . 存在与时间 [M]. 陈嘉映，王庆节，译 . 北京：生活·读书·新知三联书店，2014：252.

符合关系以及不能用符合表达的关系都在世界这一意义场域的展开中被揭示，而意义场域的展开又需要能够理解意义的特殊存在者。海德格尔因而用"此在"阐释"人"这种特殊的存在者，通过对这一存在者进行生存论分析来阐释"源初的显现"是如何发生的。"此在"的提出消解了传统认识论中在世现象的缺失与物我相隔。在《存在与时间》中，"Aletheia"最源初的现象就是此在的展开状态。此在的存在从本质上来说就是有所展开的：[①]此在向来携带着它的"此"，"此"代表着切身的生存处境。随着切身的处境性，此在总是已经与生存境域中的其他存在者相融，并通过对被抛处境的理解和对将来的期备将当下处境中的存在者调解为有意义的，也就是说，此在的展开状态携带着令其他存在者得以有意义地显现的生存处境。在这个意义上，此在的展开状态已经意味着在一系列的操劳活动中通过前反思的理解和领会对其他存在者有所揭示。海德格尔因而将此在的在世阐释为一系列的解蔽活动，将此在的展开状态阐释为最源初的真理现象，并将此在对其他存在者的揭示视为基于源初的真理现象的第二位真理现象，[②]认为唯有对于作为疏明的此在而言，"现成的东西才能在光明中得以通达"。[③]而传统认识论中的理论认知则是衍生于此在的展开状态的某种变异，[④]是将展开状态中被领会的实事具体化，将蕴含在原始的领会中的"taking as"明确化并固定为"is"，将默

① 马丁·海德格尔. 存在与时间 [M]. 陈嘉映，王庆节，译. 北京：生活·读书·新知三联书店，2014：260.

② 马丁·海德格尔. 存在与时间 [M]. 陈嘉映，王庆节，译. 北京：生活·读书·新知三联书店，2014：121.

③ 马丁·海德格尔. 存在与时间 [M]. 陈嘉映，王庆节，译. 北京：生活·读书·新知三联书店，2014：133.

④ 马丁·海德格尔. 存在与时间 [M]. 陈嘉映，王庆节，译. 北京：生活·读书·新知三联书店，2014：257.

会固化为命题。① 在这个意义上，此在的在世作为解蔽活动是符合论真理之所以具有或真或假的可能性的存在论条件，② 只有当此在的在世已经将"事情"解蔽了，我们才能够去说命题或认识与事情是否符合。符合论真理因而可以看作是解蔽之末梢。

从符合论真理到作为"Aletheia"的真理之间有一个视域上的转换。传统认识论中，"认识"是主体对客体的认识，在这个意义上"认识"被视为主体的内在性质，③ 因此主体对事物的认识方式被"囚禁"于主体的内在范围之中，在世现象在"认识事物"的过程中所发挥的作用便滑出了视野。海德格尔并不否认认识论能够作为认识的一种方式，也并不否认它可能具有的正确性。但在海德格尔看来，认识是在世的方式之一，但这种在世方式并不具有原始性，它衍生于在世之领会，衍生于对模糊的揭示的固定。

海德格尔对真理的独特阐释并非没有遭到质疑。比较典型的如恩斯特·图根达特（Ernst Tugendhat）提出的质疑。图根达特认为，将"Aletheia"作为真理的本质似乎有些武断和任意，因为作为解蔽的"Aletheia"中已经不包含衡量"是否为真"的规范性尺度和判断标准，因而似乎已经脱离了我们通常说到"truth"时所意味的意涵。图根达特认为，当我们说"真的XX"（如真的朋友）时，虽然并无确定的衡量标准，但大体上还是有一个模糊的所向，既然海德格尔所说的"真理"不包含这种所向又如何能说还在讨论真理乃至于在讨论真理的本质呢④。杰夫·马尔帕斯

① 陈嘉映. 海德格尔哲学概论 [M]. 北京：商务印书馆，2014：73.
② 马丁·海德格尔. 存在与时间 [M]. 陈嘉映，王庆节，译. 北京：生活·读书·新知三联书店，2014：260.
③ 陈嘉映. 海德格尔哲学概论 [M]. 北京：商务印书馆，2014：151.
④ Ernst Tugendhat. Heidegger's Idea of Truth[C]. in Brice R. Wachterhauser (ed.), Hermeneutics and Truth (Evanston, Ill.: Northwestern University Press, 1994), pp.83–97.

（Jeff Malpas）在《真理的两种面向》（"The Twofold Character of Truth"）中反驳了图根达特的质疑，认为有无正确性的判断标准并不阻碍将 "Aletheia" 理解为真理的本质。马尔帕斯援引了亚里士多德在《形而上学》中将 "使事物的存在得以可能的" 规定为事物的本质，认为既然作为解蔽的 "Aletheia" 是符合论真理的可能性条件，那么 "Aletheia" 就可以被视为真理的本质。[①] 其次，马尔帕斯认为，"Aletheia" 并不是一个仿佛在真实世界之外的抽象概念，而是切实地发生在此在的在世中的 "实事"，从寻视到操劳甚至于了无操劳之时，此在都无时无刻不在解蔽的过程中，因而海德格尔并未生造出 "Aletheia" 这一真理阐释继而按上真理之本质的名头。之所以将 "Aletheia" 作为真理的本质，是因为作为解蔽的 "Aletheia" 确乎是意义理解之源泉，而命题真理并不创造意义，命题只是基于解蔽将意义固定下来。[②] 何况，即便在符合论真理中，也没有一个命题是能够单独存在的，我们从不仅只根据一个单独的命题来判断这一个命题的正确性，要判断一个命题的正确性必然超越仅仅在这个命题中被给出的，每一个命题都关联着更多的命题作为意义背景，继而这一个命题才能够有对错，[③] 或者说，每一个命题都关联着它在其中被给出的那个世界，从而它才能够是一个被人理解的、有意义和所指的命题，而命题之意义背景就源于作为解蔽的 "Aletheia"。[④] 只不过，因

[①] Jeff Malpas .The Twofold Character of Truth: Heidegger, Davidson, Tugendhat[C]. Essay from DIVINATIO, volume 34, autumn-winter 2011:p143.

[②] Jeff Malpas .The Twofold Character of Truth: Heidegger, Davidson, Tugendhat[C]. Essay from DIVINATIO, volume 34, autumn-winter 2011:p148.

[③] Davidson. Three Varieties of Knowledge in Subjective, Intersubjective, Objective[M]. pp.205.

[④] Jeff Malpas .The Twofold Character of Truth: Heidegger, Davidson, Tugendhat[C]. Essay from DIVINATIO, volume 34, autumn-winter 2011:p142.

为作为解蔽的真理不能够直接用来判断正误或固化意义，所以对"真理"的通常使用就掩盖了其根源。[①] 作为解蔽的真理之所以是模糊的，是因为"我们已经被抛于敞开的意义场域"这个事实本身就是"模糊的"或者说不能用"是与不是"来衡量和说尽的。与之相应，海德格尔基于解蔽的视角对时间、空间、物之物性的阐释与在确定性的标准下被表达的时间、空间和事物相比都是"模糊的"，且沉淀于确定性之下。

　　或许用弗朗索瓦丝对重释性事件的阐释更容易揭示出作为"Aletheia"的真理如何在根本上与符合论真理不同，以及海德格尔通过"Aletheia"想要探询什么。弗朗索瓦丝把"畏的瞬间"阐释为一种重释性事件，[②] 尽管并非所有的重释性事件都具有畏的瞬间所具有的特殊性生存论意义。广泛地说，重释性事件指的是在生命中产生影响的重大事件，或是在它的"现已缺席"中不断地被重构的事件。重释性事件在某一具体的时刻发生，并在发生之后不断地持续。如畏的瞬间并非只关乎决断产生的一瞬，而是蔓延在之后的沉沦之中，有待于开启新的特殊性瞬间。重释性事件的确有其发生的具体时刻（如某年某月某日），但这一时刻对整个事件而言只是影响序列的起始，事件的真实发生更多的是在时间性的进程中，因而去蔽有其时间性和历史性。且一个事件的进程又往往卷入其他事件的进程中，去蔽因而更多的是一种解释学意义上的增厚循环，去蔽所追寻的不是实现固定的理解，而是在过去与未来的共同作用下不断深化着的理解，这种去蔽意义上

[①] Jeff Malpas .The Twofold Character of Truth: Heidegger, Davidson, Tugendhat[C]. Essay from DIVINATIO, volume 34, autumn-winter 2011:p146.

[②] Dastur, Francoise. "Phenomenology of the Event: Waiting and Surprise." [J]. Hypatia 15, no. 4 (fall 2000): p181.

的理解不是现成的，也不会有终结。从对重释性事件的阐释中可以看出作为无蔽的真理为何需要在时间性中被阐释，为何需要一个作为意义场域的世界以及以"能在"的方式生存的存在者，以及符合论真理作为对现成的符合关系的描述为何无法触及"去蔽"所涉及的内容。

对《存在与时间》真理阐释的另一个比较普遍的诟病是它的人类中心主义嫌疑。《存在与时间》中的很多原句被视为这一诟病的依据，比较有代表性的表述如："唯当此在存在，方'有'真理。唯当此在存在，存在者才是被揭示被展开的……此在根本不存在之前，任何真理都不曾有；此在根本不存在之后，任何真理都将不在。"① 也就是说，在以此在为本质的人类出现之前，时间、空间、公理和自然物虽然都的确存在着，然而它们的意义是不存在的。因此海德格尔讨论的"存在"以及在关于存在的语境下讨论的一切概念所具有的意义都是随着人类的出现才被带来。但仅就这个观点将海德格尔诟病为人类中心主义似乎有些冤枉，因为海德格尔的这类表述想要阐明的主要是既然此在是真理之解蔽的必然枢纽，那么真理便并不是什么永恒不变的、客观的东西，正如事物的意义不会是恒定的，事物的意义总是处于与此在的生存的关联之中，因而真理也有其处境性。而且，即便对真理的揭示必然经由此在，这也并不代表此在对真理的揭示是主观任意的，因为此在对事物的揭示总要依赖着被揭示的事物如其本然地显现。② 但《存在与时间》的真理阐释却也并非绝无落入人类中

---

① 马丁·海德格尔. 存在与时间 [M]. 陈嘉映，王庆节，译. 北京：生活·读书·新知三联书店，2014：226.
② 马丁·海德格尔. 存在与时间 [M]. 陈嘉映，王庆节，译. 北京：生活·读书·新知三联书店，2014：261.

心主义之嫌，出现问题的地方在于它似乎导向了认为事物的意义是能被此在的展开状态所穷尽的，或者说，事物的意义就是此在对事物的理解。按照这种解读，事物的意义将被此在对事物的理解、此在的意图与关切所支配，那么事物将面临失去自身性的风险。《存在与时间》中预先地将事物设定为用具，继而失却了事物的其他维度就是这种风险的体现之一。

三、《存在与时间》中的空间阐释与 Aletheia 之间的关系

从《存在与时间》的真理阐释来看，海德格尔对空间的阐释不在于用确定性的方式回答“空间是什么”，而是要追问我们是如何经验空间的，空间对我们而言如何是有意义的，事物的空间性如何被理解，如何在“被揭示”的同时被组建。在这个前提下，此在作为意义的理解者，世界作为可理解性意义的背景才成为了讨论空间问题的前提。对此在的生存建构“在 - 世界 - 之中”的阐释才成为了空间现象的基础。基于解蔽的前提，海德格尔将空间植根于此在的操心结构，用——先行于自身的 - 已经在 - 世界中的 - 作为寓于世内存在者的存在 ①——这一操心结构解答了关于空间问题的“如何”，用此在“去远”和“定向”的生存论性质阐释事物的位置如何产生。在这种阐释之下，空间落脚于人切实的生存，此在的每一次寻视与操劳都基于对空间的领会同时也重新组建着空间。也是基于这种阐释，任何事物都没有一个固定的、永恒不变的“所是”，事物向着其可能性开放，事物的意义和用途处于变动之中，而这种变动始终跟随着此在对将来的期备

---

① 马丁·海德格尔. 存在与时间 [M]. 陈嘉映，王庆节，译. 北京：生活·读书·新知三联书店，2014：226.

以及随之得来的当下意图。这一点构成了海德格尔与亚里士多德对事物的"位置"理解上的区别。与亚里士多德的界面概念相比，在海德格尔这里，事物的位置虽有其偶然性，但总与事物的当下意义相关。与亚里士多德的天然处所概念相比，在海德格尔看来事物并没有一个固定不变的绝对位置，事物的位置依其当下被当作什么以及事物与其他事物的指引关联而给出。空间因而既不是一个静止的现成物，也没有固定的等级秩序，而是一个动态中的意义网络，构成着空间的是解蔽活动的过程中不同位置之间意义的联动。

海德格尔在作为解蔽的"Aletheia"的视角下提出的空间阐释解构了现代科学的空间观中将事物的"位置"视为各处无差别的坐标点，将事物剥离其所处的周围世界的"上帝视角"。而这一解构与海德格尔对"处境性"（situatedness）的强调直接相关，对"处境性"的强调也促成了海德格尔空间阐释中场所（place）之于物理空间（space）的优先性。[①]在海德格尔看来，无论是经验主义还是先验主义都脱离了意义被给予的背景，脱离了处境性与被抛性，在经验主义和先验主义阐释中，认知主体仿佛悬临于生活处境之上，而不是被诸种存在者环围蜂拥。[②]这一脱离了生活世界的视角直接地导致了表象思维，具体到空间问题上则导致了各处所，各位置的无差别性，而这种无差别性以处所和位置失却意义为前提。

对于海德格尔来说，此在本身就是一个有其处境的被抛者，也就是说，无论是其对存在的追问，还是对意义的赋予都生发于

[①] Jeff Malpas .The Twofold Character of Truth: Heidegger, Davidson, Tugendhat[C]. Essay from DIVINATIO, volume 34, autumn–winter 2011:p14,p27.

[②] 波尔特 . 存在的急迫：论海德格尔的《对哲学的献文》[M]. 张志和，译 . 上海：上海书店出版社，2009：279-280.

有限的处境中。这一有限的处境首先并不代表消极意义上的限制，而是代表着使本己性成为可能。因有限的处境而有其本己，因有其本己才能够对存在发问，因其发问而有其特殊的存在，因其特殊的存在继而揭示其他的存在者，因其对其他存在者的揭示而将意义赋予有别的处所，将位置赋予有别的事物，事物的意义才能够在有限的"那里性"（thereness）中被给予。①

从这一点而言，空间因此在的处境性、真理的处境性和事物的处境性而成其网络。帕斯卡尔对无限广袤的空间和生前身后的延续永恒产生恐惧，令人惊惧之事究其根源或许是被抛的无根据，诚如帕斯卡尔继而追问道"没有任何理由可以解释我为什么处在这里而不是那里，处在现在而不是那时。拜谁的命令和行动所赐，这个时间和地点被分配给我了"。海德格尔拾起的正是这一追问，并将这种无根据的被抛阐释为使"那里"的开敞得以发生的可能性条件，将处境性阐释为我们之所以与作为整体的诸存在者发生关系的理由②，并通过作为解蔽的真理将处境性归还于空间。

四、两种真理观下的两种空间观——以海德格尔和笛卡尔为例

在第一章中讨论过笛卡尔对空间的阐释，概括而言，在笛卡尔看来，空间是各部分相互外在的客观广延③，是"物体的大小、形状以及位于其他物体之间的方式"，④"每一个物体都是空间的一

---

① 波尔特.存在的急迫：论海德格尔的《对哲学的献文》[M].张志和，译.上海：上海书店出版社，2009：87.
② 波尔特.存在的急迫：论海德格尔的《对哲学的献文》[M].张志和，译.上海：上海书店出版社，2009：240.
③ 刘胜利.身体、空间与科学 [M].南京：江苏人民出版社，2014：140.
④ 亚历山大·柯瓦雷.从封闭世界到无限宇宙 [M].张卜天，译.北京：商务印书馆，2016：92.

部分，是一个有限空间的大小"。① 世界以广延为本质，在世界之中只有等同于广延的物质及其运动，世界是按照规律精确地进行机械运动的巨大机器，且这个巨大机器的机械运动不依赖于任何思想，是绝对确定的自在存在。虽然客观存在的空间能够完全展开于自为的"我思"（cogito）面前成为被我思所理解的对象，② 但"即使没有人存在，它的整个机械装置也会继续存在和运转"。③

可以很明显地看出，笛卡尔对空间与世界的阐释与生存的处境性无关，无论空间还是世界，都不是作为生存的源初场域被思考，而是作为能够被数学明确表达的对象。笛卡尔在对空间与世界的阐释中所追寻的是最具确定性的要素，并将最具确定性的要素作为演绎的起点，这一解释原则植根于以确定性为标准的真理。④

严格说来，笛卡尔是第一个谈论"如何获得真理"的哲学家，对这个问题的思考，以及将"确定性"作为这个问题的答案，可以说笛卡尔哲学的起点与核心，同时也是笛卡尔之所以与亚里士多德主义的目的论有根本区别的主要原因。在目的论式的思考方式中预设了所有对象的存在的意义是不一样的，因而不同的存在物需要用不同的方法来考察，并没有一种方法能够适用于所有的领域。而笛卡尔所寻求的是一个能够适用于所有领域的方法，这个方法将具有彻底性和确定性、并能够提供清晰明白的观念。⑤

---

① 埃德温·阿瑟·伯特.近代物理科学的形而上学基础 [M].张卜天，译.长沙：湖南科学技术出版社，2012：95.

② 刘胜利.身体、空间与科学 [M].南京：江苏人民出版社，2014：140.

③ 埃德温·阿瑟·伯特.近代物理科学的形而上学基础 [M].张卜天，译.长沙：湖南科学技术出版社，2012：95.

④ Bernard Williams. Descartes: A Project of pure Inquiry[M]. London & New York: Routledge, 2005: p167.

⑤ 陈勇.论笛卡尔真理观的三个方面 [J].社会科学家，2016，31（4）：20-25.

笛卡尔将"是否能够提供清晰明白的观念"视为判断"是否获得了真理"的唯一标准。

从这一标准出发，笛卡尔寻找的是一个起点，更准确地说，是一个能够从其开始展开演绎、推得可靠的体系的支点。对这一支点的寻找所要做的第一步就是普遍怀疑，普遍怀疑所指的并不是真正去怀疑世界是否存在，而是指一种不把任何未经反思的结论当作前提直接接受下来的方法论，或者说是一种寻求确定性的方法。与亚里士多德先提出"到底有什么东西是终极存在的"这个对其而言首要的哲学问题，继而再去追问我们如何认识终极存在的东西不同，笛卡尔的普遍怀疑追问的是"我们如何获得终极的知识""我们如何获得关于心灵、身体、上帝以及世界的具有确定性的知识"这样一个认识论问题。^① 从这个问题出发，笛卡尔认为，在普遍怀疑的视线之下，首先能够确信无疑的就是"我当下的怀疑"，因而"我思"（cogito），即那个作为载体包纳了一切意识与无意识的思维实体首先应该是一个确定无疑的存在。这一思维实体的属性就是"能够思想""能够有意识"，而诸种情感、欲望、疼痛等心理活动作为非本质的性质是思想的各种样态。与分析思维实体的方式类似，笛卡尔认为在物质实体中最具确定性和本质性的性质是广延，因而广延是物质实体的属性，而大小、形状、运动等是依附于广延的样态。通过将物质实体的属性规定为在空间上无限延伸且可以分割的广延，世界和空间得以用数学来计算和表达。

但问题在于，既然思维实体没有广延，而广延实体又不能进行思想。那么，首先"我思"这一思维实体及其诸种样态就是不

---

① 吴增定.伟大的正午：海德格尔视野中的尼采与胡塞尔 [J].哲学门，2019，20（12）：1.

在世界之中的任何一处的。其次，以广延为本质的"世界"本身也不是一种"处境"。人处身于世界中的中介——身体，也似乎与任何一个物体没有本质的区别。可以说在笛卡尔对确定性的追寻中，处境性被连根拔起了。或者说，从笛卡尔对作为确定性的真理的追求，以及与之相应的对感觉经验的质疑而言，"处境性"在其体系中就不会有任何位置。笛卡尔的问题根本就与存在论以及与之相关的处境性问题无关，而是与亚里士多德的体系相比具有某种角度上的革命性与进步性，同时又具有摧毁性的另一种问题。

在亚里士多德那里尚没有"意识"这种概念。亚里士多德处与"意识"最接近的概念是"灵魂"（soul），而灵魂是有处境性的，灵魂总是已经处于周围世界中因而不需要解释灵魂如何与周围的世界相连。而在笛卡尔这里，思维实体和广延实体是两个相互独立的相对实体。这两个相互独立的相对实体是两种完全不同的东西，广延实体代表所有能够用数学表达的东西，如世界这一巨大的数学机器，以及包括人和动物的身体在内的所有具有长宽高的物体，心灵实体则包括了所有不能用数学表达的东西。那么广延物的运动如何在无广延的心灵中产生了感觉，以及无广延的心灵中为何会有关于广延物的清晰分明的观念、无广延的心灵为何会能够认识广延的宇宙，就成了棘手的问题。[①] 这个棘手的问题之所以会出现，在某种程度上可以说是由于使它们的共融得以发生的场域的缺失。由于这一场域的缺失，笛卡尔只能借助于"上帝"将广延世界和精神世界连接起来：上帝已经将世界创

[①] 埃德温·阿瑟·伯特. 近代物理科学的形而上学基础 [M]. 张卜天，译. 长沙：湖南科学技术出版社，2012：95.

造为广延的世界，并赋予了心灵关于广延的观念（关于外在事物的理念）。笛卡尔对这个问题的解释是否站得住脚并不是此处主要的问题，但可以肯定的是，这一解释植根于对心灵实体与广延实体的严格二分，而这种二分以"能否用数学表达"作为区分的标准，"能否用数学表达"这一区分标准又是由对"清晰分明的观念"（或作为确定性的真理）的追求而被设定的。从对真理的这一设定而来，笛卡尔认为我们处身于其中的可感世界是某种模糊混乱的东西，我们对可感世界的诸多感觉经验因不能用数学表达所以不具有可靠性，我们对对象的感知总是已经依赖于将上帝赋予我们的理性运用于感觉，[①]而感觉本身不能作为有效的哲学基础，只能在某些方面被当作辅助手段。[②]

可以说，在以确定性为标准的真理以及以确定性为演绎起点推导出的整个笛卡尔哲学体系中，用数学术语认识和表达空间和世界似乎是一种必然。在以数学为语言的表达中，所有无法用数学表达的第二性质被视为并不真正存在的部分而忽视掉，空间成为了某种可量化、可计算、无差异性的东西。在笛卡尔这里，心灵实体与广延实体之间的关系可以说就是主体与空间之间的关系：主体因上帝所赋予的理性观念得以认识空间，但这种"认识"限于清晰分明的部分，即能够用数学表达的部分，除此之外主体与空间既不相融也不相互影响，主体并不生存于空间之中，而是与空间相互外在地机械包含。[③]

在《存在与时间》中，针对空间问题，海德格尔专门对笛卡

---

① 埃德温·阿瑟·伯特 . 近代物理科学的形而上学基础 [M]. 张卜天，译 . 长沙：湖南科学技术出版社，2012：93.

② 埃德温·阿瑟·伯特 . 近代物理科学的形而上学基础 [M]. 张卜天，译 . 长沙：湖南科学技术出版社，2012：94.

③ 刘胜利 . 身体、空间与科学 [M]. 南京：江苏人民出版社，2014：141.

尔提出了批判。在海德格尔看来，笛卡尔是从世内存在者入手来阐释世界，同时又是通过阐释实体的属性来认识世内存在者，[①]且笛卡尔所寻找的那一种"构成了实体"的属性是实体的"本质"属性，[②]因而在笛卡尔看来，广延作为使形相和运动等属性得以可能的先决条件是认识物质实体的可靠通道。[③]又由于在笛卡尔那里广延与空间性本质上是同一回事、广延意义上的空间性对世界有组建作用，于是世界就成了以长宽高为本质属性的物质实体。因世界被等同于广延，所以对世界的认识就成了数学物理上的认识，[④]于是世界现象就未能映入眼帘，在世界现象的缺失中，世内存在者的合世界性也就未能映入眼帘，世内存在者的存在因而被锁定在"持久的现成性"之中，并以数学这种"唯一有效的方式"对"持久的现成性"进行把捉。[⑤]于是，在笛卡尔那里，世界与空间（或者说植根于广延性的空间中的世界）被表述为确定性、可量化、平均化、无差异化的，这种表述不仅抹消了真实的空间经验，同时也把关于世界、事物和主体的问题都"收得相当狭隘"。[⑥]

在海德格尔对笛卡尔空间阐释的批判背后，更根本的是海德

[①] 马丁·海德格尔. 存在与时间 [M]. 陈嘉映，王庆节，译. 北京：生活·读书·新知三联书店，2014：104.

[②] 马丁·海德格尔. 存在与时间 [M]. 陈嘉映，王庆节，译. 北京：生活·读书·新知三联书店，2014：105.

[③] 马丁·海德格尔. 存在与时间 [M]. 陈嘉映，王庆节，译. 北京：生活·读书·新知三联书店，2014：106.

[④] 马丁·海德格尔. 存在与时间 [M]. 陈嘉映，王庆节，译. 北京：生活·读书·新知三联书店，2014：112.

[⑤] 马丁·海德格尔. 存在与时间 [M]. 陈嘉映，王庆节，译. 北京：生活·读书·新知三联书店，2014：113.

[⑥] 马丁·海德格尔. 存在与时间 [M]. 陈嘉映，王庆节，译. 北京：生活·读书·新知三联书店，2014：117.

格尔对笛卡尔哲学的根本特征的批判：对以确定性为标准的真理的批判，对用数学语言表达世界的批判，对脱离世界且与世界相对的孤零零的主体的批判，对丧失了一切思想和精神性维度的纯粹物质的自然世界的批判……

与胡塞尔将笛卡尔提出的主体性视为对传统形而上学的突破不同。海德格尔认为对"我思"这一与世界隔绝的封闭主体的提出从根本上而言是一个错误。在海德格尔看来，笛卡尔"想当然"地预设了"我思"这样一个实体，但从来没有追问我思是如何向它自身显示与给予的，也没有追问"我思"如何存在。因而不仅错过了使认识得以发生的前领会过程，同时错过了在世现象。这些忽视导致了"我思"与"广延"被设定为隔着鸿沟的两个相互独立的实体，这一设定又更深入地促就了主体与世界的隔绝。在主体与世界的隔绝中，空间与"世界"必然被理解为纯粹的物质广延的、现成在场的、失却了精神维度的"世界"。同时，作为一个封闭主体的"心灵实体"虽然能够进行思维活动却无法超越自身去构造和理解不同于它自身的东西，因而这一主体的在世行为以及随之带来的在世之理解就不会被纳入眼帘。也就是说，因对确定性的追求导致了"心灵"被设定为不在世界之中的封闭主体，这一设定导致了意义世界的缺失，在主体的生存境域的缺失中，植根于在世现象之可理解性的"真理"不可能展开，所以无论"我思"这一主体、还是世内存在者以及空间和时间在笛卡尔的框架内都不会有超出了"清晰分明的观念"之外的阐释。

可以说，自笛卡尔之后的现代哲学一直试图寻找一条能够克服笛卡尔那里自我和世界之间的鸿沟，使得"我思"能够直接通向"世界"的道路，但因其从大体上而言依然处于笛卡尔的进路之中，所以并未寻得能够真正克服这个困难的通途。胡塞尔通过提出意识的意向性使得意识能够指向外物并构造出一个意识的世界，试图在克服笛卡尔那里与世界隔绝的封闭主体的同时，保留笛卡尔的"我思"所具有的确定性以及对自然态度的悬置。在胡塞尔看来，笛卡尔将"我思"视为一个实体且并置了与之相对的广延实体、继而进入身心二元论的形而上学这一系列阐释实际上并没有将普遍怀疑进行到底，或者说并没有将对世界的信念悬置到底。胡塞尔认为，正是这种不彻底性导致了笛卡尔无法在不借助"上帝"的情况下解释我思如何认识外物以及外在世界。而若想克服这个困难，首先不应该将意识视为一个与外物以及外在世界无关或对立的形而上学实体，而是应该将意识视为构造了世界这一意义统一体、并同时在超越自身指向世界的同时构造了自身的东西。在这个思路下，胡塞尔将意识与世界内在地共属一体，并将意识作为唯一的本源。

但在海德格尔看来，虽然胡塞尔的解释在某种程度上的确解决了意识与世界的对立这一困境，也解答了意识如何认识外物，但实际上却随着更加彻底的主体性原则迈入了更深的深渊：笛卡尔虽然有所局限地将世界表达为广延，但至少尚且承认世界的实在，而胡塞尔倒有将世界消融于意识之中的风险。[1]海德格尔认为，不仅不是世界由意识所构造，反倒是世界作为一个预先给定的境域比任何意识以及意向相关物都更加源初，而且"意识"也不是我们与世界最源初的打交道方式，人与世界最源初的打交道方式是"操心"，在操心的过程中人已经寓身于世界，因而无须

---

[1] 吴增定.现象学与"对世界的信任"：以胡塞尔和海德格尔为例[J].复旦学报（社会科学版），2013（4）.

悬置对世界存在的信念。反倒是笛卡尔和胡塞尔将世界作为意识的对象的这种研究方式割断了人与世界的源初交融，掩盖了作为意义场域的世界，并导致以意义世界为背景的作为"解蔽"的真理无法被带入视野，导致存在者的存在不能够被理解为其自身的显现、解蔽与敞开，而是被理解为存在者向着意识或我思而显现，甚至是意识向着其自身的显现，①而后一种方式必然带来对"源初的显现"的遮蔽，在这种遮蔽中，空间、时间、主体和世界都被局限于主体自身之中。

笛卡尔和胡塞尔在关于"意识"与"世界"的问题中遇到的相似困境在西方哲学的传统中有颇为久远的根源。海德格尔认为，从柏拉图到笛卡尔再到胡塞尔的体系中一直存在着一种对能够"照亮一切、认识一切"的光源的追寻。正是这种对光源的追寻以及由之产生的作为正确性与确定性的真理建构了现代性的本质形态，并酝酿了技术时代的发生。在以确定性为标准的真理观之下，一切都是可以被主体所认识的，于是作为主体的人成为了"光源"，被认识成为了一种被制作，作为主体的人能够认识他所制作的一切，而那些不能被人所制作的则不被认识。

从这一现代性的基本特征而来，世界被表象为图像，存在者被还原为等待被测量和开采的对象，自然被计算性的思维所摆置。数学不再像古希腊时那样被视为一个有关于"发现"的问题，而是被视为真理的标准，并逐渐成为对对象进行表象、量化与使用的工具。在这一背景下，空间问题作为现代哲学中向来与广延直接相关的问题，在世界成为被表象的图像的时代中更深地被对

---

① 吴增定. 现象学与"对世界的信任"：以胡塞尔和海德格尔为例 [J]. 复旦学报（社会科学版），2013（4）.

象性的思维所裁制、被量化与格式化，成为了与意义无关的、能够被主体所"看透"的材料。与之同时，人失去了自己的位置与归属。

在对技术时代的反思之下，海德格尔对世界与空间的阐释想要实现的是将世界与空间从最简单、最具确定性的要素中拯救出来，使之重新成为生存的源初境域，而对充满着"存在的意义"的源初境域的拯救需要将事物、空间与世界从对象性的思维中解放出来，也就是说，从作为正确性与确定性的真理中解放出来。这种解放将目光转向事物如何显现为有意义的、它们如何被理解与领会，因而在这种解放性的转向之中，首先需要做的就是对"真理"的另一种阐释，即将真理视为"解蔽"。

在这个意义上，将真理阐释为解蔽的发生过程不仅是海德格尔与笛卡尔在哲学思考上的根本区别，也是两种空间阐释之所以如此不同的本质原因。总的来说，从"我们想要去把握"这一诉求出发，现代哲学走向了主体性；从对"什么能被我们所把握"这一问题出发，主体性走向了对象性；从"什么称得上是把握了"这一问题出发，对象性又实现了表象性。于是主体终于能够对世界、空间、自然与事物了如指掌，但这种了如指掌又建立在局限性之上，去除意义留下图像。如海德格尔在《世界图像的时代》中所言："世界之成为图像，与人在存在范围内成为一个主体是同一个过程。"那么使世界从图像中解放出来，就必然需要对"主体"的另一种阐释：主体需要是一个与其他存在者相融而不是相对的存在者，这一主体并不将存在者确证为持续且确定的，而是将存在者理解为在不同的场所之中显现出不同意义的。在这一背景下，具体的场所优先于无差别的广延，空间作为各自有别的场所及事物构成的位置关系植根于意义世界，作为"此在"的主体归属于世界并组建着空间。海德格尔因而通过将真理归于解蔽、将处境赋予主体，克服了"我思"与世界之间的鸿沟，将空间从客体性中解放出来。

第三章

有关《存在与时间》空间阐释的一些质疑以及回应

第一节　个体此在的生存论空间与公共空间的模糊关系

一、德雷福斯对海德格尔的反驳

德雷福斯在《在世》中认为，《存在与时间》中对空间性的探讨是整部书最难懂的一个部分，难懂却不是因为它比其他部分更加深奥，而是因为"它从根本上就是混乱的"。在德雷福斯看来，这种混乱主要是由于海德格尔没有把"存在者在其中对人显现的公共空间"与"每一个个人的居中空间"区分开。[①]

上一节提到过，海德格尔用"去远"这个词来说明此在的操劳活动对世内存在者的空间性所起的组建作用。从《存在与时间》中的表述来看，"去远"指将事物带近、带入操劳寻视的范围之内，以这种方式，作为操劳活动的"此在"组建着空间。依照这个意思来看，"去远"表达的是"去除某物之远""将某物带近"。其中，"远"和"近"指的是对于操劳活动来说是否便利，而不是客观距离上的"远近"。"此在通过去远组建着周围事物的空间性"说的是此在依操劳活动的需要改变用具的位置，使用具对于

[①] 休伯特·L.德雷福斯.在世：评海德格尔的《存在与时间》第一篇[M].朱松峰，译.杭州：浙江大学出版社，2018：155.

操劳活动而言更加易于上手。[①]

但是德雷福斯认为，海德格尔混淆了两种层次上的去远。[②]对两种层次上的去远的混淆造成了公共空间与个体此在空间这两种空间类型的混乱。

据德雷福斯分析，"去远"有两层含义。第一层含义是作为一种生存论性质的"去远"。"生存论意义上的去远"指此在这种存在者的操劳活动在生存论上为敞开"切近"和"其远几许"提供了可能性，即，此在这种存在者"以被称作生存的方式敞开了一个被共享的世界"，敞开了一个作为在场领域的空间。[③]在这个被此在的生存所敞开的共享世界里，事物才能够作为"在场的"被遭遇到、继而成为或近或远的事物，事物的"可通达性"和"不可通达性"才成为可能。[④]换句话说，所有被带入指引脉络中的事物无论是否"切近"、是否"就绪"，都已经被"去远"了。关于"去‑远"的这层含义的例句如，"此在本质上就是有所去远的：它让所有近处的存在者作为它自身所是的存在者而被遭遇到。"[⑤]德雷福斯认为，此句中"去远"指的就是此在在生存论上总是让"作为在场领域的空间之一般性敞开"，[③]也就是说，此在生存论上的去远性质让此在能够先行领会着那个对每个此在来说

[①] 马丁·海德格尔. 存在与时间 [M]. 陈嘉映，王庆节，译. 北京：生活·读书·新知三联书店，2014：119.

[②] 休伯特·L. 德雷福斯. 在世：评海德格尔的《存在与时间》第一篇 [M]. 朱松峰，译. 杭州：浙江大学出版社，2018：155–163.

[③] 休伯特·L. 德雷福斯. 在世：评海德格尔的《存在与时间》第一篇 [M]. 朱松峰，译. 杭州：浙江大学出版社，2018：158.

[④] 休伯特·L. 德雷福斯. 在世：评海德格尔的《存在与时间》第一篇 [M]. 朱松峰，译. 杭州：浙江大学出版社，2018：157.

[⑤] 马丁·海德格尔. 存在与时间 [M]. 陈嘉映，王庆节，译. 北京：生活·读书·新知三联书店，2014：122.

都同样可通达的公共空间。

在德雷福斯看来,"去远"的第二层含义才是某个特定此在在具体的操劳活动中通过使用某物而将某物实际性地带向"切近"。这种"切近"作为就绪是对具体的某一个此在而言的,而不是公共空间的一个维度。[①] 德雷福斯认为第二层"去远"显然以第一层"去远"为基础。因为事物之所以能够被带向切近是以在场领域的敞开为基础。作为生存论性质的"去远"解释了事物如何能够作为在场的而显现,它应该优先于此在与特定用具之间的切近与否。但海德格尔对"去远"的分析中并没有区分这两个层次,指向着这两个层次的例句是相连或夹杂着出现的。

没有区分这两个层次上的"去远"如何对空间阐释造成混乱呢?德雷福斯认为,两个层次上的"去远"指涉着两种不同意义上的空间。第一层"去远"中预设了此在生存论上的去远性质使得此在能够先行领会对每个此在来说同样可通达的公共空间,或者说"公共的周围世界"。第二层意义上的"去远"指涉着个体此在的空间,或者说,个体此在"自己的"周围世界。[②]

在德雷福斯看来,为了对应第一层意义上的"去远"之于第二层意义上的"去远"的优先性,海德格尔本应该赋予公共的在场领域相较于个体此在的生存围而言明确的优先性。因为公共空间就是那个此在总已置身于其中的事先敞开的在场领域,且这个事先敞开的在场领域中的场所和位置对于所有人而言都是可通

---

① 休伯特·L.德雷福斯.在世:评海德格尔的《存在与时间》第一篇 [M].朱松峰,译.杭州:浙江大学出版社,2018:159.

② 休伯特·L.德雷福斯.在世:评海德格尔的《存在与时间》第一篇 [M].朱松峰,译.杭州:浙江大学出版社,2018:158.

达的。① 相比而言，操劳活动中以"切近性"为标准更迭着的此在与具体用具之间或"相远"或"切近"的位置变化以事先敞开、事先被领会的公共空间为基础。但事实上，海德格尔的表述将优先性赋予了与个体此在的操劳活动相关的"靠近"与"远离"，②与之相应的，赋予了个体此在的操劳空间之于主体间性的空间、之于用具空间、之于客观空间的优先性。这一做法模糊了"我的此处"这一本就依照着周围事物的"那里"而解释自身的生存环围中包含着的公共性。③ 德雷福斯认为，这种阐释方式可能会导致空间被阐释为某种"私人的透视"，即"有许多单子，它们每一个都带有以它自己为中心的在场体验，而公共空间就成了一种构造"，这种构造依赖于对众多个体视角的拼凑。④

杰夫·马尔帕斯（Jeff Malpas）在公共空间的问题上同意德雷福斯。马尔帕斯用"用具空间"（equipmental spatiality）表示上手事物的空间性，用客观空间（objective spatiality）表示现成事物之间的空间关系。在马尔帕斯看来，德雷福斯所说的作为事先敞开的公共领域的"公共空间"实际上内含了"用具空间"和"客观空间"这两个维度，⑤ 因为无论是代表着上手用具之间的指引关系的"用具空间"，还是作为现成事物之间的范畴关系的"客

---

① 休伯特·L.德雷福斯.在世：评海德格尔的《存在与时间》第一篇 [M].朱松峰，译.杭州：浙江大学出版社，2018：157.

② 休伯特·L.德雷福斯.在世：评海德格尔的《存在与时间》第一篇 [M].朱松峰，译.杭州：浙江大学出版社，2018：160.

③ 休伯特·L.德雷福斯.在世：评海德格尔的《存在与时间》第一篇 [M].朱松峰，译.杭州：浙江大学出版社，2018：161

④ 休伯特·L.德雷福斯.在世：评海德格尔的《存在与时间》第一篇 [M].朱松峰，译.杭州：浙江大学出版社，2018：163.

⑤ Jeff Malpas. Heidegger's Topology: Being, Place, World (A Bradford Book)[M]. The MIT Press,2007: p83.

观空间",都具有公共性质。而个体此在的生存论空间无论再怎么植根于生存论意义上的"可通达性",都要在"在先敞开"的公共性质中读取事物的通达性之强弱,也就是说,无论海德格尔将"去远"和"定向"阐释为什么,"去远"和"定向"都必然植根于现已敞开的、对任何人而言都同样可以通达的"具有公共维度的意义系统",而在这个具有公共维度的意义系统中,任何位置都不具有优先性。① 马尔帕斯将用具空间比作地图。我们阅读地图时虽然总是从当下的位置出发去理解呈现于地图之上的空间关系,并且由当下的意图使地图中的某些场所成为显著的,② 但任何对当下位置的理解都首先参照着整个地图而给出,如果没有作为整体的地图就无法理解当下的位置。同样,基于用具空间这一公共的意义系统,此在才能够去理解自身所处的场所以及场所中的事物。在这个意义上,每一个上到手头事物先已具有公共维度,③ 此在的生存论空间作为一种寓于周围世界且关联于上手事物的空间性总是已经依赖于公共空间。

值得强调的是,以上关于公共空间与个体此在的生存论空间之间的关系的讨论所针对的是海德格尔对两种空间类型之间的优先性做出的阐释。海德格尔并没有认为空间或许没有公共的维度,德雷福斯也只是在"公共空间是否衍生于生存论空间"这一点上提出质疑并且认为海德格尔的处理方式在某种程度上有对公共空间进行抹消的风险。事实上,海德格尔当然认为空间是有公共维度的,否则他就不会认为将此在的生存论空间"去世界化"就是

---

① Jeff Malpas. Heidegger's Topology: Being, Place, World (A Bradford Book)[M]. The MIT Press,2007: p85.

② ibid.,p94.

③ ibid.,p85.

将其剥至物理空间。[①] 不过这一说法也恰恰印证了一个独立于个体此在的操劳活动的公共空间在先地敞开。这个隐含的暗示之所以不能得到强化，或许是因为对它的强化会带来一个矛盾：如果此在的生存论空间性是在一个事先敞开且独立于个体此在的公共空间中展开的，那么这个独立于个体此在的公共空间对于个体此在的生存论空间而言就必然会有奠基作用，甚至是（比时间性）更根本的奠基作用。这将意味着此在的生存论空间中始终夹杂着一个公共的维度，而这个公共的维度无法被解释为植根于个体此在的时间性之中，反倒是个体此在时间性的筹划建基于在先敞开的公共场域。因而对公共空间的强调会给《存在与时间》的整体结构带来威胁。

海德格尔也意识到对个体此在的生存论空间的阐释有陷入主体主义的危险，为了规避对空间进行主体主义处理，海德格尔的解释是，"并非空间处在主体之中，亦非主体就'好像'世界在一空间之中那样考察世界；而是：从存在论上正当领会的'主体'即此在乃是具有空间性的。"[②] 但在德雷福斯看来，这依然没有实际地抹消主体主义的嫌疑，只要《存在与时间》的整体结构上确有弱化公共空间的必要，那么这种弱化带来的主体主义嫌疑就会依然存在。[③]

[①] 马丁·海德格尔. 存在与时间 [M]. 陈嘉映，王庆节，译. 北京：生活·读书·新知三联书店，2014：130.

[②] 马丁·海德格尔. 存在与时间 [M]. 陈嘉映，王庆节，译. 北京：生活·读书·新知三联书店，2014：190.

[③] Dreyfus, Hubert L. "Heidegger's History of the Being of Equipment." [C]. In Hubert L. Dreyfus and Harrison Hall (eds.), Heidegger: A Critical Reader (Oxford: Blackwell, 1992), pp. 173–185.

二、一些对德雷福斯的反驳

大卫·R.切尔博内（David. R. Cerbone）虽然也和德雷福斯一样认为海德格尔对空间的阐释有落入"私人的透视"的嫌疑，但他认为，这一嫌疑之所以存在，主要不是因为海德格尔并未强调一个在场敞开的公共领域具有优先性。[①] 在切尔博内看来，德雷福斯的反驳是不得要领的，或者说有一点吹毛求疵。因为虽然海德格尔的确以"非公共性"的标准衡量"远近"，但对这些"非公共性"的标准的阐释并不会破坏对公共空间的理解，反倒是海德格尔在《存在与时间》上半部对"世界"和"在世界之中"的分析，以及对场所的在先敞开的分析等，都是在阐论"公共空间的可理解性是如何发生的"和"对公共空间的理解如何具有优先性"。[②] 因而，切尔博内认为，海德格尔对"去远"与"定向"的分析虽有落入主体主义的嫌疑，但从根本上而言这些分析是为了从此在的生存论上阐释指引性，而生存论意义上的指引性恰恰比任何一个具体的场所都更加优先，因为任何一个场所都首先是指引性的一部分。而且，正是这种生存论意义上的指引性将此在带向了公共空间，所谓的"私人化"的空间之所以被讨论也是为了说明此在是如何被指引向周围世界的。[③]

也就是说，切尔博内认为，从大方向上而言，海德格尔并没有以"私人的透视"的方式阐释空间的嫌疑，海德格尔的一些具

[①] David R Cerbone. Heidegger on space and spatiality[C]. From the cambridge companion to Heidegger 's being and time, Mark A. Wrathall(edited) , Cambridge university press,2013: p141.

[②] ibid.,p142-143.

[③] David R Cerbone. Heidegger on space and spatiality[C]. From the cambridge companion to Heidegger 's being and time, Mark A. Wrathall(edited) , Cambridge university press,2013: p140.

有"私人的透视"嫌疑的阐释从《存在与时间》的上下文来说，是为了阐释"周围世界"中的指引性如何发生，而"周围世界"中的指引性本身就具有公共维度。但切尔博内承认海德格尔对"切近性"的衡量标准的阐释的确具有相当强的"私人透视性"。这种"私人的透视"的感觉是如何产生的呢？上文说到，海德格尔强调此在与具体事物之间的"远近"不是由此在的身体和具体事物之间的客观距离决定的，而是"寻视操劳决定着从周围世界上到手头的东西的近与远。操劳先已依之而逗留的东西就是最切近的东西"。[①] 在这一阐释中，事物在生存论上的近与远指的是事物可通达性程度的强与弱，最切近的东西指的是可通达性最强的东西，于是远和近的标准在某种程度上被私人化。但在切尔博内看来，这种程度上的"私人化"尚不是使对"切近"的衡量真正走向主观性的原因。使"切近"走向主观性的是海德格尔为衡量"切近"添加的另一个标准："注意"或"兴趣"（attention）。[②] 在《存在与时间》中，在说到"寻视操劳先已依而逗留的东西就是切近的东西"之后，[①]海德格尔用两个具体的例子表明了"先已依而逗留"指向的是此在之"注意"（attention）而非"上手"与"就绪"："行走时每一步都触到街道，似乎它在一般上手事物中是最切近最实在的东西了，它仿佛就顺着身体的一个确定部分即脚底向后退去。但比起'在街上'行走时遇见的熟人，街道却相去远甚，虽然这个熟人相'去'二十步之'远'。"；架在鼻梁上

---

① 马丁·海德格尔.存在与时间 [M]. 陈嘉映，王庆节，译. 北京：生活·读书·新知三联书店，2014：125.

② David R Cerbone. Heidegger on space and spatiality[C]. From the cambridge companion to Heidegger 's being and time, Mark A. Wrathall(edited) , Cambridge university press,2013: p136-140.

的眼镜因其合用而不"触目",所以不如墙上被注视的画切近。①在这两则例子中,当"上手之物"(街道、眼镜)与"注意力之所及"(远处的朋友、墙上的画)这两个衡量切近的标准同时出现时,海德格尔都将"注意力之所及"阐释为更加切近的,以此,"注意"(attention)成为了衡量"切近"更具决定性的标准。

可以说,当海德格尔认为切近是某物"处在对寻视来说首先上到手头的东西的环围之中"时,②虽然衡量切近的标准作为某物与作为纯粹的操劳的此在之间的可通达性之强弱已经不太"公共",但我们仍可以假设,如果不同的人站在同样的位置上想要做同一件事,那么被视为"切近"的东西大抵相同。但是如果"切近"以"注意"或"兴趣"为决定性因素,那么之前残有的一点"公共性"也消失了。如果以特定此在的"兴趣"判定是否切近,那么任何一个人都无法设想对于处在同一个位置上想要做同一件事的其他人来说到底什么是"切近"的。因此,正是将"切近"的决定性特征设定为"兴趣"(或"注意")有着几乎抹消掉空间的公共性的危险。在这个角度上,切尔博内认为海德格尔对空间的阐释确有落入"私人的透视"的风险。

而且,在切尔博内看来,海德格尔对"切近"的阐释还有另一个根本性的矛盾。矛盾在于衡量"切近"的两个标准"可通达性之强弱"与"注意力之所及"在海德格尔的语境中本是互相排

---

① 马丁·海德格尔. 存在与时间 [M]. 陈嘉映,王庆节,译. 北京:生活·读书·新知三联书店,2014:125.

② 休伯特·L. 德雷福斯. 在世:评海德格尔的《存在与时间》第一篇 [M]. 朱松峰,译. 杭州:浙江大学出版社,2018:16.

斥的。[①] 在《存在与时间》的阐释中，"当下操持着的东西"或者说在操劳活动中正在上手使用着的东西（如脚下的街道）本身就因合用而不惹人注意。这一点在以上两个例子中"街道"与"眼镜"的"不被注意"中可见一斑。那么将"注意力之所及"作为具有优先性的衡量标准则几乎否定了海德格尔最初参照着"去远"将"切近"阐释为对于操劳活动的使用而言最先就绪的。这一内在矛盾加深了主体主义的嫌疑。

三、从公共空间的问题看《存在与时间》中的共在问题

综上所述，海德格尔赋予个体此在的生存论空间以优先性在某种程度上的确有为空间蒙上主体性的私人透视、抹消公共空间等危险。但这一做法却并不是没有理由的，或者说这一路径是有所侧重的。在德雷福斯看来，海德格尔之所以赋予个体此在的生存论空间以优先性，原因之一在于《存在与时间》中的基础存在论试图"将所有存在方式奠基于此在的存在方式之中"。[②] 因此，任何一种在场都势必从此在的在世生存之中得到解释：无论是在场的事物还是公共空间甚至是世界，都需在此在的操劳活动中成为可理解的。与之相应，对空间的阐释就必然更加侧重于此在对空间的组建，并因而不可避免地弱化了此在在空间中实际上的"被动性"。但在对此在组建空间的强调中，忽略了即便是在特定的任务之中，此在也要依循着现成的空间关系来完成任务，此在

---

① David R Cerbone. Heidegger on space and spatiality[C]. From the cambridge companion to Heidegger 's being and time, Mark A. Wrathall(edited) , Cambridge university press,2013: p139.

② 休伯特·L.德雷福斯.在世：评海德格尔的《存在与时间》第一篇 [M].朱松峰，译.杭州：浙江大学出版社，2018：160.

总是已经被抛入有限的处境中，因而此在对空间的组建发生于某个已经存在的框架之内。这个框架就是已经敞开的，对每个人来说同样可以通达的公共空间，而这个公共空间在某种程度上是现成的，因为它既包含了上手事物的空间这一公共的意义系统，同时也包含了尚未上手的现成事物之间的位置关系。德雷福斯认为，如果我们至少还并不相信连岩石和日落的可能性都要依赖于此在的操劳活动，那么我们至少应该认为物理空间是独立于此在的①，并且这种物理空间在此在对生存空间中的"切近"的估量中已经绽露出来，或者说同时地被给出。因而公共空间不应该仅仅被视为此在的操劳的一个函数，物理空间也并不应该被视为对此在生存论空间的去世界化。②

在公共空间的问题上，或许德雷福斯的反驳与切尔博内对德雷福斯的反驳同样站得住脚。若从单个此在如何通过"去远"和"定向"中的指引性被引向公共空间来看，切尔博内对德雷福斯的反对言之有理。但若考虑到主体间性的空间，则德雷福斯的反驳就颇有道理。所以问题似乎出在对主体间性的处理上，或者说，海德格尔对空间的阐论中少了一个环节：将他人也展开了的生存论空间与设想中的个体此在所展开的生存论空间并列。

在这个问题上，马尔帕斯认为，海德格尔关于空间性问题上的混乱中，个体性之于主体间性的优先性似乎是造成了所有困难的源头。③虽然海德格尔强调此在的本质规定性是共

---

① 休伯特·L.德雷福斯.在世：评海德格尔的《存在与时间》第一篇[M].朱松峰，译.杭州：浙江大学出版社，2018：155.

② 休伯特·L.德雷福斯.在世：评海德格尔的《存在与时间》第一篇[M].朱松峰，译.杭州：浙江大学出版社，2018：165.

③ Jeff Malpas. Heidegger's Topology: Being, Place, World (A Bradford Book)[M]. The MIT Press,2007: p95.

在，^①也就是说，他人与此在是共同在此的。但从整部《存在与时间》对他人来照面的方式的阐释来看，他人来照面的方式与他物并没有什么不同。^②或者说，他人根本是以用具的方式来照面的，^③对他人的"烦神"与对他物的"烦忙"只是在形式上对称，实际上"烦神"与"烦忙"并无实质上的区别，且在对烦神的讨论中并不涉及他人对他物的烦忙。从这一点上来看，无论海德格尔如何强调共在是此在的规定性，作为单个个体的此在都仿佛先于他人与共在。从个体此在的生存论空间与公共空间之间出现的混乱来看，当海德格尔思考此在的生存论空间时，仿佛在思考"一个"此在的生存论空间，而不是思考共在的此在们共同展开的生存论空间，直接地与物发生关联的仿佛是一个设想中的单数此在。"他人"泯入"众人"，"众人"继而泯入平均状态中，说到底他人消散在此在的沉沦中，他人的生存也随之消散了。因而才产生了若单说一个个体的生存论空间是如此展开的则说得通，但要把每个人的生存论空间都考虑进来则公共空间就容易在某种程度上被消抹的危险。在这个意义上，其他此在以与用具相同的方式来照面或许是使得此在的生存论空间陷入"私人的透视"的根本原因。

---

① 马丁·海德格尔.存在与时间 [M].陈嘉映，王庆节，译.北京：生活·读书·新知三联书店，2014：119.

② 陈嘉映.海德格尔哲学概论 [M].北京：商务印书馆，2014：76.

③ 陈嘉映.海德格尔哲学概论 [M].北京：商务印书馆，2014：75.

第二节　身体空间的缺失

一、《存在与时间》对身体问题的处理

海德格尔处理此在的身体性的方式与传统形而上学相比有很大的推进。在传统形而上学中，身体被视为某种与精神性相对的现成对象。在作为纯粹意识的主体与作为现成物的身体相互割裂的基础上，现代科学将各个位置量化为无差别的坐标点，将空间抽象为纯粹的广延。① 与传统形而上学和现代科学不同，海德格尔从生存之"处境性"的角度上思考身体问题。正如一种身体观总是对应着与之相应的空间观，海德格尔对于将空间视为纯粹的广延的拒斥与他拒斥将此在的身体视为现成物有直接的关联。在海德格尔看来，当谈到"此在"的时候已经包含了此在的身体，或者说，海德格尔对"此在"这个"主体"的阐释之所以与笛卡尔对"我思"的阐释不同，部分原因是由于"此在"是包含着活动中的身体的在世主体。基于将身体问题融入在世的生存，海德格尔对空间的阐释才能够指向生存论上源初的空间现象。

虽然《存在与时间》看待身体问题的视角已经有了很大的推

---

① 王钰. 身体的位置：海德格尔空间思想演进的存在论解析 [J]. 世界哲学，2008，53(6)：109−117.

进性，但在《存在与时间》中，身体问题并没有被具体地展开讨论。海德格尔认为，在讨论此在生存论上的空间性时，关于身体的问题已经内含于此在对世界的依寓与此在的操劳活动中，也就是说，此在"寓于世界之中"的空间性已经包含着身体维度，且这种植根于解蔽活动的空间性并不首要地从操劳活动中的身体那里获得其本质，而是更根本地关涉于理解着与操劳活动相关的事物并对其进行支配与组建的主体本身。因而海德格尔用一句话肯定并略过了关于身体的问题："此在的这种肉体性隐含着它自己的整个问题，虽然我们此处不会讨论它。"① 与之相应，身体空间的问题也一并被忽略了。但值得注意的是，尽管海德格尔并没有针对身体问题展开专题性的探讨，《存在与时间》却避开了对身体的讨论中可能出现的诸种陷阱（如将身体放入自在的客观世界并用机械生理学的方式将身体行为描述为某种具有确定性的刺激 - 反应，② 或认为身体同时具有主体和对象的特征并将这两种特征混合于对身体的描述中 ），③ 因而不得不认为海德格尔对身体问题其实有着颇为深入的思考。

二、身体问题未被重视的原因

之所以略过关于身体的问题原因很复杂，主要的原因可能有两个。第一个原因，在史蒂文·克罗韦尔（Steven Crowell）看来，海德格尔在《存在与时间》中之所以将身体问题处理得很简略，是因为从整部书的结构来看此在的生存论结构先于身心二分，因此，对"身体"或"精神"的专题讨论或许会被视为对此在这

---

① 马丁·海德格尔.存在与时间 [M].陈嘉映，王庆节，译.北京：生活·读书·新知三联书店，2014：108.
② 刘胜利.身体、空间与科学 [M].南京：江苏人民出版社，2014：102.
③ 刘胜利.身体、空间与科学 [M].南京：江苏人民出版社，2014：109–110.

种作为"可能性"的存在者进行"理论的"或"现成的"专题化分析。这种专题化分析有将主体作为纯粹意识、将身体作为现成物，从而将主体与身体相割裂的风险。因而，海德格尔试图通过对"此在"这一在世整体进行阐释来囊括"在世界之中"的所有方式，并且将身体问题包含入"在世界之中"。①

威廉姆·布拉特纳（William Blattner）与克罗韦尔的看法类似，他认为如果对此在的身体性进行强调容易产生将此在的身体特征理解为"此在以现成的身体在某一空间之内"这种解读，并且将"在之中"这一生存论环节理解为某种精神特性，继而落入精神与肉体的二元论，将此在阐释为一个由精神物和身体物的共同现成存在拼凑成的主体。此在的"在世界之中"将有被理解为"将一个精神物放入空间之中"②的风险。这种误解将导致"此在"成为了一个确定的实体，这一阐释将与海德格尔对"此在"的阐释相违背，因为《存在与时间》的立论之处恰恰就在于"此在"这一"是且只能是它的可能性"的"主体"不能被定义为任何一种现成的实体。

关于以上这一原因，切尔博内认为，海德格尔对身体问题的忽略虽然确有"避免落入身心二元论""避免此在成为一个现成的实体"之类的理由，但这种略而不谈在表达着对笛卡尔式的身心二元论的拒斥的同时隐蔽的承认了这种二元区分。在切尔博内看来，如果没有这种隐蔽的承认，海德格尔或许就会走向梅洛庞蒂的阐释方式，即对"在世界之中"的现象身体进行研究，分析

---

① Steven Crowell. Husserl, Heidegger, and the Space of Meaning: Paths Toward Transcendental Phenomenology[M]. Northwestern University Press,2001:p 212–213.

② 马丁·海德格尔. 存在与时间 [M]. 陈嘉映，王庆节，译. 北京：生活·读书·新知三联书店，2014：66.

作为"可能性"的存在者在世界之中的身体维度以及在世的身体自身的意向性。[1]

　　将身体问题略过的第二个原因与《存在与时间》的整体结构有关。对身体问题的强调有可能对《存在与时间》的整体结构——空间性通过操心结构归结于时间性、空间性自身的范围内客观空间等空间类型衍生于此在的生存论空间——造成威胁。威胁之处在于，其一，对身体性的强调容易把此在阐释为一个根本而言更源初地以空间性的方式存在的存在者，继而威胁到时间性的优先地位，进而对空间性通过操心结构植根于时间性的整体结构造成威胁。其次，一旦具身性空间的问题被明确地提出，它就有可能（或者说不得不）被阐释为一种更源始的空间类型，也就是说，比生存论空间（去远和定向的寻视活动中的空间性）还要更加源始，因为即便此在暂停了操劳活动也始终身体性地生存于世界之中。但如果赋予了身体空间比生存论空间更根本的位置，就容易危及《存在与时间》在空间类型上建立的层级关系（hierarchical dependence）。[2] 而且，一旦赋予身体空间优先于生存论空间的位置，继而又会遇到身体空间是否独立于其他类型的空间（如客观空间、公共空间、用具空间）这个问题，对这个问题的回答容易导致对空间问题的阐释更加混乱而且容易偏离主题（《存在与时间》的中心问题显然并不在于对这些问题提供详尽的阐释）。而且，在对这个问题的回答中还暗含着将此在总是携带

---

[1] David R Cerbone. Heidegger on space and spatiality[C]. From the cambridge companion to Heidegger 's being and time, Mark A. Wrathall(edited) , Cambridge university press,2013: p130.

[2] Søren Overgaard. Heidegger on Embodiment[J]. Journal of the British Society for Phenomenology 35(2004): p116–131.

着的"这里"理解为广延空间中的片段的危险。① 总而言之，从很多角度上而言，此在的身体空间对于《存在与时间》这部书的整体结构来说是一块烫手山芋。

可以见得，以上两个略过此在的具身性问题的原因在某种程度上都与《存在与时间》整体结构上的"层级关系"有关，而"层级关系"是为了将此在解释为一种作为"可能性"的存在者而服务的，② 只有将此在解释为作为"可能性"的存在者，《存在与时间》的主要问题才能够被带入视野，因而，总的来说，对这一层级关系的维护对《存在与时间》的整体立论而言非常有道理。但《存在与时间》中这个占决定性地位的层级关系似乎只给此在的身体问题留下两种选择：或者此在作为身体物在现成物中存在；或者此在的具身性必须被理解为本质上被此在的"在世界之中"所决定，进而间接地植根于操心活动，植根于时间性。③ 当然，海德格尔意识到关于具身性的问题不是一个二选一的问题，而是一个远为复杂的问题。事实上，海德格尔直接否定的只是身体以现成的身体物的方式"在之内"。虽然关于具身性的问题并没有详细展开，但海德格尔以折中的方式选择了第二种阐释：只要此在的身体性是一个关涉于空间性的问题，那么它必然在此在的生存论结构上植根于时间性。类似的论断如"因为此在是'精神性的'，并且只因为这个，此在具有空间性的方式才可能是广延物

---

① Jeff Malpas. Heidegger's Topology: Being, Place, World (A Bradford Book)[M]. The MIT Press,2007: p129.

② Stephan, Käufer .Systematicity and Temporality[J]. Journal of the British Society for Phenomenology 33 (2002):p167 - 187.

③ David R. Cerbone, "Heidegger and Dasein's Bodily Nature: What Is the Hidden Problematic?" [J]. International Journal of Philosophical Studies 8 (2000): p212.

体本质上始终不可能具有的方式"①。马尔帕斯认为这里"精神性的"指的就是此在的时间性。②

三、关于身体维度的缺失的一些质疑

海德格尔选择的方式虽然维护了《存在与时间》的整体结构，但的确对此在空间性中一个非常重要的维度造成了忽略。对这个维度的分析之所以重要，是因为在日常生活中，对事物与场所的经验，对空间中的方向感的默会，以及具体地做任何一件事（如盖房子）的过程，都不可避免地与此在之为一个身体性的存在者相关联。这种关联不仅先于任何专题性的理论分析，甚至先于具有理智色彩的"前反思的领会"。因而对这个维度的忽略给《存在与时间》中对空间问题的阐释带来了一系列的问题。

首先从切近性问题说起。上一节关于公共空间与此在的生存论空间的讨论中提到过海德格尔对"切近性"的定义近乎消抹了此在的生存论空间中公共性维度，这一问题与对此在之为身体性的存在者的忽略有关。在处理切近性的问题上，海德格尔似乎试图把对切近性的基本规定与任何形式的身体性断开。海德格尔似乎认为，在理解此在与一个特定用具之间"是否切近"时，不能将此在理解为处于客观空间中的某个点的物质身体，而是应该将此在理解为纯粹的操劳。③同时，海德格尔强调"此在之当前实际情境的'此处'绝不意味着一个空间地点，而是意味着它最切

---

① 马丁·海德格尔.存在与时间[M].陈嘉映，王庆节，译.北京：生活·读书·新知三联书店，2014：417.

② Jeff Malpas. Heidegger's Topology: Being, Place, World (A Bradford Book)[M]. The MIT Press,2007: p129.

③ 休伯特·L.德雷福斯.在世：评海德格尔的《存在与时间》第一篇[M].朱松峰，译.杭州：浙江大学出版社，2018：160.

近地操劳着的用具整体之环围的活动余地"①,但此在实际上的确是通过拥有一个身体而占据了一个位置,通过占据一个位置而处于用具整体中,只有从这个具体的位置出发才能说有些用具在可接触的范围内而另一些则不在。哪怕"是否切近"意味着用具对于操劳活动来说是否顺手和就绪,也无法避开"顺手"和"就绪"所针对着的是以身体性的方式"在世界之中"的此在。此在的身体性为衡量"切近"提供了前提。

其次,关于方向感的问题。康德有一段针对方向感问题的表述:"定位自身,从'定位'这个词的恰当意涵上来说,意味着对已经给出了的方向的应用——将视域分为四个方向——以便通达他人之所处,以便理解日出的方位。如果我看向太阳继而知晓现在是正午,我便能够知道如何找到南、西、北、东。为了能够如此,无论如何,我必须首先能够在我这一主体自身之中辨别方向,即我必须先能够区分自己的左右。我将这一对左右的区分称为感觉,因为从外部直观而言这两侧并无可感知的差异。"②海德格尔在《存在与时间》中注意到了康德的这段表述,但海德格尔认为康德的表述暗示着在康德看来制定方向需要依循"先天性"这样一种主观原则,③而这一主观原则又虚构了一个无世界的主体,因而海德格尔认为在康德对方向感的阐释里有一种主体主义的残余。④

在海德格尔看来,康德所说的这种与身体相关的方向感之

---

① 马丁·海德格尔. 存在与时间 [M]. 陈嘉映,王庆节,译. 北京:生活·读书·新知三联书店,2014:369.

② Kant. What Is Orientation in Thinking? (1786) in Political Writings[M], ed. Hans Reiss, trans. H. B. Nisbet, 2nd ed. Cambridge: Cambridge University Press, 1991: p. 238.

③ 马丁·海德格尔. 存在与时间 [M]. 陈嘉映,王庆节,译. 北京:生活·读书·新知三联书店,2014:128.

④ 马丁·海德格尔. 存在与时间 [M]. 陈嘉映,王庆节,译. 北京:生活·读书·新知三联书店,2014:130.

所以会存在，是因为此在在先地"在世界之中"且融入了用具整体这个作为背景的意义场域。《存在与时间》中的原句如："属于去远活动的定向是由在世奠定的。左右不是主体对之有所感觉的'主观的'东西，而是被定向到一个总已上到手头的世界里面去的方向"[①] 例证了这一点。从海德格尔的论说来看，此在之所以能够感知左右等方向是植根于寻视中的定向活动。[②] 随着此在生存论上的"去远"性质，此在总是朝向着被寻视的用具的方向，因而此在才总是携带着方向并有所朝向。[③] 也就是说，对于方向感的问题而言，在海德格尔看来，左右等方向感奠基于此在从当下的意图出发对特定用具的寻视，左右等方向感之所以被感知从根本上植根于此在的在世将此在抛于某些特定存在者的环围之中。

从某种角度而言，海德格尔的阐释是说得通的。对方向感的领会的确依赖于对在世的领会以及因在世而拥有的对整个场所以及其中的用具的领会，但这并不是将身体空间忽略在定向之中的确凿理由。德雷福斯评论说，海德格尔似乎认为，此在对不同方位的感知来源于此在不能够同时与四面八方的用具打交道，在此在依次与不同用具打交道的过程中不同的方位才被牵带出来。[④] 但海德格尔似乎忽略了此在之所以不能够同时与四面八方的用具打交道就是因为此在的身体是如此这般的身体，它不能够同时面向四方，不能够同时面朝几个方向中的用具。因此，当海德格尔

[①] 马丁·海德格尔.存在与时间[M].陈嘉映，王庆节，译.北京：生活·读书·新知三联书店，2014：126-127.

[②] 马丁·海德格尔.存在与时间[M].陈嘉映，王庆节，译.北京：生活·读书·新知三联书店，2014：126.

[③] 马丁·海德格尔.存在与时间[M].陈嘉映，王庆节，译.北京：生活·读书·新知三联书店，2014：108.

[④] 休伯特·L.德雷福斯.在世：评海德格尔的《存在与时间》第一篇[M].朱松峰，译.杭州：浙江大学出版社，2018：164.

认为此在对方位感的感知是通过操劳中的寻视而得到时，他恰恰隐含地默认了是一个身体在寻视，而这一身体维度恰恰比寻视活动更加源初：寻视活动经由身体并依赖于身体。[①] 因此，如果说按照左右而定的方向更源初地奠基于此在一般的定向活动中是成问题的。

马尔帕斯认为，德雷福斯的反驳恰恰印证了康德在关于方向感的问题上所道说的并非某种主体主义的残余，而是康德在试图说明我们把捉空间的方式从根本上是与身体相联的，[②]康德在别处对这个问题做过更明确的表述："无论我多么清楚地了解一处视域中各方向之间的秩序，我也只能在知晓这些方向中的秩序如何向我的左右手呈现的基础上才能判定它们。"[③]康德的这处解释证实了德雷福斯的观点。

从德雷福斯和马尔帕斯的质疑来看，身体空间（bodily spatiality）是我们最基本的空间方式，它不能够在时间性中得到解释。[④]《存在与时间》中目的论式的层级关系中，时间性为当下所处的操劳活动提供了一个"意义"，提供了一个为何之故，但时间性提供的是一个作为驱动的原因，这个原因无法解释操劳的具体过程是如何运行的。如某人要建造一座房子这项任务虽然可以从时间性的角度上得到一个生存论结构上的解释（从这个解释

[①] Samuel Todes.The human body as material subject of the world[M]. New York: Garland Press,1990: p165.

[②] Jeff Malpas. Heidegger's Topology: Being, Place, World (A Bradford Book[M]). The MIT Press,2007: p131.

[③] Kant. Concerning the Ultimate Ground of the Differentiation of Directions of Space[A]. Theoretical Philosophy 1755－1770.

[④] Jeff Malpas. Heidegger's Topology: Being, Place, World (A Bradford Book)[M]. The MIT Press,2007: p132.

而来，与建造房子相关联的特定"空间"才被组建），但建造房子的具体过程，如工匠对众多工具前前后后的一系列操作，具体到每一个锤与凿的动作，都包含着与身体感知密切相关的空间关系，都包含着"此在总已通过其身体性而被固定在其他存在者中间，与其他存在者相亲熟的能力"。① 在这个意义上，身体也是一个"让显现"的视域，是此在处身于其他存在者之间的必要枢纽。同时，我们对环境的感受总是脱不开身体，正是在对冷热、湿度、温度等的感知中我们领会着当下的环境，经验着当下的此时此地，身体的知觉将现身在世给出，而这种给出并不能缚在操心结构上。② 因此，对此在的空间性中身体性这一重要维度的思考确乎给将此在的空间性归结于时间性带来了一个不容忽视的困难。

四、通过身体空间分析《存在与时间》中隐含的几种空间类型及其关系

如果说身体空间是此在基本的空间方式，那么身体空间到底是怎样的一种空间方式，或者说，它是一种独立的空间方式吗？如果不是，那么它与哪些空间方式相关联？为何对它的阐释可能会导致《存在与时间》中已经出现的几种空间类型更加混乱？对这些问题的回答需要将身体空间与《存在与时间》中已经出现的空间类型进行比较。

首先，身体空间是植根于"身体活动"的空间方式，它始终关联着一个活动中的身体以及与之相连的一小块活动区域，也就是说身体空间是一种处身性的空间，而不是作为广延物的身体现

---

① 王钰.身体的位置：海德格尔空间思想演进的存在论解析[J].世界哲学，2008，53(6)：109-117.

② Arisaka.Spatiality.Temporality, and the Problem of Foundation in Being and Time[J]. Philosophy Today 40 (1996): p36－37.

成地占据了空间中的一个部分。从其处身性而言，在世的身体始终是身体空间的原点和中心。①

从"以某一个主体为中心"和"总是处于活动之中"这两点来看，身体空间更接近于此在的生存论空间，或者说身体空间是某种以身体为中心的生存论空间。但与海德格尔对生存论空间的阐释不同的是，身体空间强调的是此在以身体性的方式在世，活动中的身体虽然时而处于某种意图中并经由意图展开身体活动，但在世的身体并不总是处于意图中，或者说大部分时候并非携带者能够阐释于此在的时间性中的"意图"，反倒是所有意图都经过身体这一枢纽才被完成。因而身体空间无法被囊括在操心结构之中，它具有某种超出由操劳活动组建的生存论空间的维度。

那么难道身体空间中包含着的身体性在世首先或更直接地在客观空间中展开吗？客观空间往往被认为成是独立于世界的、理论抽象的空间，且客观空间具有典型的公共性，不以任何一个主体或身体为中心。日常的观点往往认为各种空间类型植根于客观空间、在客观空间的框架之上展开。但实际上，我们是通过在先获得身体在空间之中的经验，并从这种身体经验中在先地获得对方向感的体验，继而把在世的身体抽象为坐标点，然后才得以用坐标系的方式描述客观空间。② 也就是说，我们首先是基于对身体性在世的体验，或者说基于在世现象才获得了对客观空间的描述。③ 虽然基于在世现象或身体的在世才能够描述客观空间这一事实并不必然地消泯客观空间的客观性，但对这一事实的承认的

---

① Malpas Jeff. Place and Experience[M]. Cambridge: Cambridge University Press,1999: p52.

② Jeff Malpas. Heidegger's Topology:Being, Place, World (A Bradford Book)[M].The MIT Press,2007: p136.

③ David Morris. The Shape of Space[M]. New York: SUNY Press, 2004.

确对"客观空间到底有多么客观"这个问题设下了疑问，或者说，它至少证实了客观空间无法反过来将身体空间囊入其中。

那么难道身体空间更源初地植根于用具空间？这个问题将我们带向"用具空间是什么"这个问题。杰夫·马尔帕斯在《海德格尔的拓扑学》（Heidegger's Topology）中专门分析过用具空间（equipmental spatiality）。首先，"用具空间"指的并不是由用具之间现成的位置关系构成的"现成的"空间，而是那种以意蕴整体为背景展开的各用具之间的位置关系，在对这些位置关系的理解中，各用具的意义随着指引关系被给出，且各场所和各位置有着不同的意义，也就是说，与客观空间不同，用具空间植根于作为意义场域的世界。① 从《存在与时间》的表述上来看，似乎此在的生存论空间与身体空间都与用具空间的关系紧密，因为对于此在的生存论空间而言，操劳活动中最先来照面的就是在意蕴之中的用具指引；对于身体空间而言，在世的身体无论是否由时间性的意图来规划其身体活动，也都总已经处于在世之意蕴之中，而在世之意蕴中已经将各具意义的事物之间的位置关系给出。但在《存在与时间》中，海德格尔并没有将用具空间作为一个单独的空间类型，而是通过此在对用具的解蔽将用具空间包含于此在的生存论空间。对"用具空间"缺乏具体的分析或许是《存在与时间》中的空间阐释出现混乱的另一层原因，分析用具空间与客观空间、此在的生存论空间以及身体空间的关系或许是澄清这些空间类型之间关系的一种可行方式。②

---

① Jeff Malpas. Heidegger's Topology: Being, Place, World (A Bradford Book)[M]. The MIT Press,2007: p84.

② Dreyfus. Heidegger's History of the Being of Equipmen[C]t. in Hubert L. Dreyfus and Harrison Hall (eds.), Heidegger: A Critical Reader (Oxford: Blackwell, 1992): p176.

　　首先，用具空间与此在的生存论空间有何关系？ 虽然海德格尔并没有专题性地讨论"用具空间"这种空间类型，但显然海德格尔认为由于此在空间性地存在，所以用具之间的位置关系才有可能以非现成的方式被理解，因而用具空间植根于此在的生存论空间。而且从用具空间作为一种以意蕴为背景的空间类型来看，似乎用具空间与此在的生存论空间十分相近。但实际上，用具空间与此在的生存论空间有比较根本的区别，区别之处在于用具空间具有公共性和无中心性的特点，[①]且从用具空间的公共性特征而言，用具空间实际上无法被阐释为"植根于个体此在的生存论空间以及个体此在的时间性"。[②]那么从公共性和无中心性而言，是否意味着用具空间与客观空间更加接近？ 也非如此，因为尽管用具空间具有公共性的特征，但它是以意蕴为背景而被理解的，所以与客观空间的各向同性不同，用具空间中有不同的方向和秩序、各场所有不同的意义。但值得注意的是，在《存在与时间》的阐述中，植根于世界的空间性（此在的生存论空间以及与之相关的用具空间）与客观空间有可以相互转化的关系，且它们之间的转化关系非常类似于上手事物和现成在手事物之间的转化：植根于世界的空间的"去世界化"衍生出客观空间、上手事物的合用性发生残断"衍生出"现成在手事物。[③]马尔帕斯对这种与"去世界化"相连的衍生关系提出了质疑。在马尔帕斯看来，实际上，我们对"现成在手事物"这一概念的领会不见得是在上手事物不

---

① 上一节中曾经以地图为例子阐释过用具空间：地图展示的空间类似于用具空间，既以意义世界作为理解地图的背景，同时地图所展现的场所又不以任何位置为中心.

② Dreyfus. Heidegger's History of the Being of Equipment[C]. in Hubert L. Dreyfus and Harrison Hall (eds.), Heidegger: A Critical Reader (Oxford: Blackwell, 1992): p183.

③ 休伯特·L.德雷福斯.在世：评海德格尔的《存在与时间》第一篇 [M].朱松峰，译. 杭州：浙江大学出版社，2018：165.

再合用之时才出现的，我们之所以能够去刻意忽略一个用具的用具特征，是因为我们已经能够把它当作纯粹的物，也就是说它作为一个合用的用具时已经同时作为一个纯粹的物而呈现，那么与之相应的，"作为纯粹的物"这一维度所关联着的客观空间就不见得是在操劳发生残断的时候才开始被衍生出的，而是共同给出的。① 在这个意义上，不能说客观空间一定是从对用具空间以及此在的生存论空间的去世界化中衍生出来，因为我们对后两种空间的领会中或许已经包含了对同时给出的客观空间的领会。

在马尔帕斯看来，从用具空间与此在的生存论空间以及客观空间均有所相似来看，用具空间似乎尴尬地横陈在生存论空间与客观空间之间。或者说，在"用具空间"中同时蕴含着这两种空间类型。从用具空间提供出用具整体之意蕴结构，而用具整体之意蕴结构又基于作为意义场域的世界而言，用具空间与此在的生存论空间相连；从用具空间的公共性而言，对用具空间的去世界化似乎会剥得客观空间，因而用具空间与客观空间相连。② 同时，从用具空间的方向性而言，似乎对用具空间的领会又植根于在世的身体。因而马尔帕斯认为，用具空间是一种必须关联于客观空间、身体空间以及与操劳活动相连的生存论空间才能得到理解的空间，只有这样用具空间才能够既有方向性又有公共性，③ 同时还有意义结构。从这个角度而言，用具空间可以被视为把客观空间

---

① Jeff Malpas. Heidegger's Topology: Being, Place, World (A Bradford Book)[M]. The MIT Press,2007: p139.

② Jeff Malpas. Heidegger's Topology: Being, Place, World (A Bradford Book)[M]. The MIT Press,2007: p136.

③ Jeff Malpas. Heidegger's Topology: Being, Place, World (A Bradford Book)[M]. The MIT Press,2007: p137.

放在了具体的身体活动以及当下的意图中,使客观空间世界化。①

从以上对身体空间与用具空间的分析来看,在与用具打交道的过程中,无论身体空间还是客观空间都已经被共存者给出了,因而似乎不能说其他空间类型衍生于此在的生存论空间。这里并不是试图颠倒海德格尔建立的衍生关系,而是说以上提及的几种空间类型似乎都不是独立存在的,它们是在共存中协作着的相互依赖关系。此在的生存论空间具有某种优先性是说得通的,因为的确是从富有意图和参与感的空间类型出发才能够去分析没有意图和参与感的空间类型。②但是"具有优先性"和其他空间"衍生于"它是有区别的。"具有优先性"指的是在共生的关系中某一项具有更加重要的位置,但单独的每一个项都不是充足的。"衍生"说的则是 a 完全包含 b、b 完全从出于 a,而关于空间的实际情况或许并不是这样。③几种空间类型的共同给出恰恰印证了此在这种存在者能够同时领会着不同模式的解蔽活动,而对这些解蔽活动的领会以此在的"在世界之中"为基础。④

或许从海德格尔将空间方式分为"在之内"和"在之中"这两种时,这种对客观空间与生存论空间的截然二分就已经隐含着矛盾。"在之内"(containment)的空间方式与"在之中"(involvement)这种生存方式总是不可避免地卷在一起,无论是

---

① Jeff Malpas. Heidegger's Topology: Being, Place, World (A Bradford Book)[M]. The MIT Press,2007: p138.

② Jeff Malpas. Heidegger's Topology: Being, Place, World (A Bradford Book)[M]. The MIT Press,2007: p144.

③ Jeff Malpas. Heidegger's Topology: Being, Place, World (A Bradford Book)[M]. The MIT Press,2007: p136-140.

④ Jeff Malpas. Heidegger's Topology: Being, Place, World (A Bradford Book)[M]. The MIT Press,2007: p141.

"containment" "aroundness" "closeness" "situatedness"，还是其他一些与空间性相关的词汇，都同时蕴含着"在之内"和"在之中"这两种方式。① 分类带来的界限感使《存在与时间》中对空间的阐释似乎分成了"在之中"的此在与"在之内"的现成存在者这两个互不兼容的模式，但这两个模式又必须参照着彼此才能够得到说明。这种"总是卷在一起"的状态或许暗示着"空间"本身是拒绝分类的。无论是客观空间、用具空间、身体空间还是此在的生存论空间都关联着某一个拒绝被分类的"空间"，都是对"空间"的不同角度的叙述，因而在这些空间类型中列出衍生的序列才会产生正说有理反说也有理的纠缠，因为它们之中并没有"某一类完全衍生于另一类"这样的关系，它们是同一个整体的不同子集。②

---

① Jeff Malpas. Heidegger's Topology: Being, Place, World (A Bradford Book)[M]. The MIT Press,2007: p81.

② Jeff Malpas. Heidegger's Topology:Being, Place, World (A Bradford Book)[M].The MIT Press,2007: p82.

第三节　自然维度的缺失

一、《存在与时间》中自然维度的缺失

《存在与时间》的空间阐释的另一个局限是自然维度的缺失。在《存在与时间》中，自然依附于上手事物，作为上手事物的质料而成为可通达的。① 于是"澎湃争涌"的"自然"处于自然产品的"光照"中："森林是一片林场，山是采石场，河流是水力，风是'杨帆'之风。"② 以这种方式，海德格尔给"自然"的直接呈现做了减法，自然所能够呈现的范围局限于能够被操劳活动揭示的部分，③ 这一减法在很大程度上忽视了在"事物如何显现"这一问题上的"事情本身"，同时也将作为意义场域的"世界"局限于用具的指引之中。④

之所以这样处理关于自然问题，要从《存在与时间》对事物之上手性的侧重以及将此在的时间性作为使可理解性得以可能的

---

① Michel Haar.The song of earth:Heidgger and the Grounds of the Histroy of the Being[M]. Trans.Rcginald Lilly.Indiana University Press,1993: p16.

② 马丁·海德格尔.存在与时间 [M].陈嘉映，王庆节，译.北京：生活·读书·新知三联书店，2014：83.

③ Michel Haar.The song of earth:Heidgger and the Grounds of the Histroy of the Being[M]. Trans.Reginald Lilly.Indiana University Press,1993: p15.

④ Michel Haar.The song of earth:Heidgger and the Grounds of the Histroy of the Being[M]. Trans.Reginald Lilly.Indiana University Press,1993: p16.

视域这两个方面说起。

在"事物如何源初地与我们相遇"这个问题上,《存在与时间》将"事物"预设为"用具"。之所以将事物预设为用具是因为在海德格尔看来,我们与事物源初地相融于作为意义场域的周围世界,在对周围世界前反思性领会中自然而然地理解着事物之用处,而非以传统形而上学的静观方式理论性、专题性地将事物预设为对象,进而探究对象的属性、形式与质料等"存在性",继而将价值附加于作为对象的事物之上。从这一思路而言,海德格尔认为,在周围世界中最先与我们照面的"事物"是在操劳活动中被解蔽的上手用具。因而与用具的上手性相对,"自然物"或"纯粹的物"在一定程度上被视为"现成的",只有当用具不再合用的时候,"自然物"才作为纯粹的质料呈上前来,[1]如其本然的"自然"因而淡出了意蕴的指引之外。

将事物首要地思考为用具从另一个方面而言是为《存在与时间》的整体结构服务。《存在与时间》将此在绽出的时间性作为"对存在的一切领会及解释的视野",[2]这意味着此在对事物的解蔽依赖于时间性的此在从对自身的"能在"的领会中折返回当下,在对当下的意图的读取中展开操劳活动,并以操劳活动为背景理解并使用事物。"事物"因而局限于操劳活动中被使用的,由事物的位置关系所构成的"空间"因而被此在时间性地设置与组建。在这一背景下,空间性植根于时间性,"自然"被纳入时间性的框架之中。

---

[1] Michel Haar.The song of earth:Heidgger and the Grounds of the Histroy of the Being[M]. Trans.Reginald Lilly.Indiana University Press,1993: p17.

[2] 马丁·海德格尔.存在与时间 [M]. 陈嘉映, 王庆节, 译.北京: 生活·读书·新知三联书店, 2014 : 21.

　　然而，虽然在这一框架中，此在的时间性为"操劳活动中事物缘何解蔽""事物之间的位置关系如何被指引"等问题提供了环环相扣的解释，但实际上，此在所处身于其中的"空间"有很大一部分并不由操劳活动所筹划，此在所依寓的"世界"作为一个意义场域也并不只关涉于与操劳活动相关的"意蕴"，"自然"也并非铺陈于以此在的生存为目的的"为何之故"中。此在的"在世界之中"与"穿行于场所之间"包含着很多操劳之外的留白。从空间的"留白之处"而言，此在本质性地栖居于已经敞开的空间，经受着世界已分化出的各个位置。① 基于对空间的经受，此在时间性地组建与操劳活动相关的空间关系。

　　自然的源初显现处于被操劳活动所略过的留白之中。洛维特曾针对《存在与时间》中自然维度的缺失评论道："那个先于人类世界、也高于人类世界、完完全全自我持存的天空和大地的世界，要远远超出人类所陷入和停留的那个世界。"② 而那个被"上手状态"所限制的"先于且高于人类世界，并自我持存着的天空大地"背后蕴藏着的是赫拉克利特处作为"隐藏着的本质与根据"的自然，③ 以及被海德格尔后期阐释为"涌现"与生长、持存与变易的自然。④

　　从《存在与时间》中自然维度的缺失而言，真正缺失着的是更加源初的"存在之场域"，是被开端和本原（arche）所支配、⑤

---

① 王钰.身体的位置：海德格尔空间思想演进的存在论解析[J].世界哲学，2008：53(6)：109-117.

② 韩潮.海德格尔与伦理学问题[M].上海：同济大学出版社，2007：239.

③ 皮埃尔·阿多.伊西斯的面纱：自然的观念史随笔[M].张卜天，译.上海：华东师范大学出版社，2019：14.

④ 海德格尔.演讲与论文集[A].孙周兴，译.北京：生活·读书·新知三联书店，2005：294.

⑤ 韩潮.海德格尔与伦理学问题[M].上海：同济大学出版社，2007：250.

而非被人类的意图所支配的在场化。这一源初场域的缺失因拒斥主体主义及其带来的对象性思维而起，却在对它的回避中落入了主体主义的另一种，[①]并最终从文化性、历史性角度将自然异化入主体的裁制。虽然《存在与时间》中的"自然"躲过了世界图像的裁制，但天高地远向来不随着此在之"去远"而通达，涌现与生灭亦不被操劳之"切近"所涵盖。

二、现身情态中隐含的自然维度

虽然《存在与时间》中对空间的讨论局限于操劳活动的空间，与此同时自然作为用具之质料呈上前来，但与自然相关的空间维度其实本已经包含在海德格尔对"现身情态"的阐述中，只不过海德格尔并没有将其挑明。

"现身情态"（Befindlichkeit）这个词下面所说的是日常生活中"最熟知和最日常的东西"——情绪。[②]作为一种情绪，"现身情态"所指的并不是已经被反思和认识的情绪，而是前反思、前认识的情绪，这种前反思、前认识的情绪往往是"未经明确的"，并在它的未经明确中将"我已在此"铺陈开来。

传统认识论往往将情绪性的内容排除掉，认为情绪或感觉带来"错觉"或不具有确定性和普遍性的意见和误解，对情绪性的排除同时也排除了人的处身性。而海德格尔对现身情态的阐释则揭示了人的生存与处身性的紧密关联。同时，对"情绪"的肯定克服了以主体为中心的认识论以及由之而来的客观化对象化思维，并将"情绪"作为领会事物、获得"真理"的一种

[①] Michel Haar.The song of earth:Heidgger and the Grounds of the Histroy of the Being[M]. Trans.Reginald Lilly.Indiana University Press,1993: p17.

[②] 马丁·海德格尔.存在与时间 [M].陈嘉映，王庆节，译.北京：生活·读书·新知三联书店，2014：156.

方式，从这个角度而言，海德格尔对情绪的肯定在西方哲学有关的真理进路中格外有意义①："真理"既然是一系列去除掩蔽的过程，那么情绪作为对此在之在世的源初揭示、作为将"此在存在且不得不存在"绽露出来的事情②就已然是对现象的展示，是对"去除掩蔽"而言至关重要的事情。前反思的情绪因此不仅不是低级和需要被克服的，甚至是相比于认识的各种展开而言更加原始的。③

那么在现身情态反映出的"我已在此"中呈上前来的是什么？在现身情态中直接地展开的是此在的处身状态——此在在这里存在着，如走进菜市场觉得"莫名的烦躁"，走到海边觉得心情"莫名的开阔"。在未经明确的情绪中，"此在被带进它的处身之所"，④现身于被抛状态。在被抛状态中，情绪"向此在开展出此在在此的存在"③，反映出此在正在世界中的某处，在处境性的"那里"之中。

罗兰巴特在《恋人絮语》中的一段叙述或许可以作为对现身情态的例述："今天早晨（在乡村），天阴沉沉的，又透出几分暖意。我惆怅极了（却又说不上是什么原因）……还有一天，细雨霏霏，我们在等船……我又沉浸在同样一种身不由己的恍惚中。常常是这样，要么是惆怅，要么是欣喜，总让人身不由己。"⑤这个段落贴切地展现出现身情态如何将"处身之所"展开：对不明

---

① 陈嘉映．海德格尔哲学概论 [M]．北京：商务印书馆，2014：68.
② 陈嘉映．海德格尔哲学概论 [M]．北京：商务印书馆，2014：69.
③ 马丁·海德格尔．存在与时间 [M]．陈嘉映，王庆节，译．北京：生活·读书·新知三联书店，2014：157.
④ 陈嘉映．存在与时间读本 [M]．桂林：广西师范大学出版社，2019：116.
⑤ 罗兰·巴特．恋人絮语：一个解构主义的文本 [M]．汪耀进，译．上海：上海人民出版社，2009：1.

所以的"惆怅""欣喜""恍惚"的描述就是海德格尔所说的现身情态。这些不明所以的情绪因此在与世界之中的某处直接地相连而展开，这种情绪的产生与任何意图和操劳都没有关联，却比将此在的空间性以"意图"为中介奠基于时间性中更源初地反映着我们如何置身于空间之中，如何被空间所影响，反映出置身于空间之中本身就是最基本的在世方式，它并不需要时间性的支撑就已经无时不在。

当洛维特批判海德格尔在《存在与时间》中忽视了那个高于人类、先于人类、完完全全自我持存的自然世界时，他所批判的实际上是海德格尔对人这种存在者进行生存论分析时略过了人对那个先于人类的存在场域的处身。人置身于在先敞开的场域，以依寓于它的方式展开自己的生存，而在人开启了自己的征途之前，那个场域首先是"自然"的。虽然在近代科学中人类往往用计算性的思维将自然作为工具和手段，但人始终处于自然的环抱之中，并在这种环抱之中感受到天之高远、地之幽闭，以及不可通达的神圣性。在对"天之高远、地之幽闭"的感受中被经验着的实际是人在天地之间的处身以及对处身状态的感知，这种感知又往往以情绪的方式呈现。因而，或许可以认为《存在与时间》中缺失的自然维度在对"现身情态"的阐释中得到了某种探入。不过海德格尔确乎没有将自然维度作为某种处身之所专题性地提出，这正是"空间"失落了关于自然的部分的原因。

或许正是因为认识到自然维度的缺失，认识到"空间"并不只是操劳活动的空间，认识到那个自我持存的天空与大地的世界不能被包纳于此在的时间性也无需从此在的时间性中获得自身的意义，海德格尔才在《时间与存在》中表明在《存在与时间》中将空间性归结于时间性是说不通的,并在后期的进路中通过对"四重整体"的阐释将天空、大地与神圣者带入对"存在之场域"(site)的讨论中,并将"大地"作为人的情绪的隐蔽根基,通过这一隐蔽根基探入事物与空间的自然维度。①

---

① 张振华. 精神修炼视角下的海德格尔后期哲学 [J]. 外国哲学,2018,35(2):98–108.

第四节　将空间性植根于时间性的问题

一、海德格尔和传统形而上学对"存在"与"时间"看法上的区别

在《存在与时间》的导论中海德格尔将时间性视为"存在之领会的视野",[①] 也就是说,《存在与时间》在结构上以时间性为先验境域, 时间性将事物、人、场所和空间整合为一个对此在来说有意义的整体。基于这一思路, 海德格尔将此在的"在 - 世界中 - 存在"建立在时间性的统一视野上, 时间性作为此在之"存在的意义",[①] 此在可能具有的空间性以绽出的时间性为可能性条件。[②] 在具体探讨《存在与时间》中将空间性归结于时间性的问题之前, 先来探讨《存在与时间》中的"时间"指什么, 以及《存在与时间》为何是以时间性为中心的。

海德格尔所说的"时间"与传统存在论中对时间的阐释有根本的区别。在传统存在论中, 时间不仅没有被视为理解存在的意义的先验境域, 甚至从柏拉图和亚里士多德以来, "存在"就被理解为超越了时间, 在时间的消逝中不会朽坏的。传统形而上学

---

① 马丁·海德格尔. 存在与时间 [M]. 陈嘉映, 王庆节, 译. 北京: 生活·读书·新知三联书店, 2014 : 22.

② 陈嘉映. 存在与时间读本 [M]. 桂林: 广西师范大学出版社, 2019 : 271.

对存在的追问，因而是追问流逝的时间无法对其有所改变的那个"what is real"，而时间被当作线性之流，一个接续一个的永恒当下。在海德格尔看来，传统形而上学之所以遗忘了"存在"，就是因为在对"what is real"的追问中把"being"当做占位符来指代不同的哲学家所认为的"what is real"，并且用研究存在者的方式对存在进行科学式的研究，因而并没有触到真正的存在现象。①

与传统形而上学不同的是，《存在与时间》把存在和时间关联起来，认为"存在"不是确确实实之物，因而不能将其当做存在者来剖析追问，存在以呈现的方式被理解和体会，存在在时间中呈现，或者说，存在与时间一道被给予。②与"存在"紧密关联的"时间"指的不是物理时间这种均匀流逝的线性时间流，而是此在这种特殊存在者在生存论意义上的时间性，即与此在的生存相关联的绽出时间性。基于绽出的时间性，"存在"指的不是某个固定的、已经完成的东西，而是"去存在、在时间中存在"，以此摆脱了用"what is"来回答存在问题的传统路径，并用"how"来回答存在如何显现。同时，海德格尔对时间和存在的重新解读解构了传统形而上学中从亚里士多德开始就根深蒂固的"现实性高于可能性"，并将其倒转为"可能性高于现实性"，将此在的存在解释为向着可能性而存在。可以说，《存在与时间》立论于对时间的独特阐释与此在这一特殊存在者的提出，因而海德格尔把时间性当作落脚点，超越论也围绕着此在的时间性展开。

---

① Thomas Sheehan. Making sense of Heidegger:a paradigm shift[M]. London: Rowman & Littlefield International Ltd,2015:p15.

② 波尔特 . 存在的急迫：论海德格尔的《对哲学的献文》[M]. 张志和，译 . 上海：上海书店出版社，2009：48.

二、《存在与时间》中特殊的超越论

在《根据的本质》中，海德格尔明确地将《存在与时间》阐释为超越论。[①] 将空间性归结于时间性可以说是整本书中超越论最浓的一部分。因而在具体分析空间性如何归结于时间性，以及这一整体结构给空间阐释带来怎样的局限之前，需要先讨论一下《存在与时间》超越论是哪一种超越论，它是如何体现的，以及在超越论视角下的整体结构。

在绽出时间性的视野下，《存在与时间》中的"超越论"与康德和胡塞尔那里的"transcendental"不同。在康德这里，"transcendental"更适合被称为"先验论"。[②] 之所以更适合叫"先验论"，是因为康德的"transcendental"讨论的是先于经验的认知方式，先验的认知方式不依赖于对认知对象的经验，而是先于对认知对象的经验并使经验认知成为可能。[③] 在这个意义上，先验的认知方式在对象被给予我们之前就先已规定了对象的呈现方式，因而它就好比一个无法摘下的有色眼镜，我们总是必然透过它的镜片看事物和世界，这个镜片作为一个不包含内容的、形式上的先决条件无法被直观到。由于我们的理性如此这般地受到先天认识方式的局限，所以理性所能获得的并不是关于事物本身的知识，而是关于"事物呈现给我们的样子"的知识。在这个意义上，康德的先验论哲学是通过对我们的先天认知方式的分析来廓清我们究竟能够认知什么，从而为理性划清界限，避免先验幻相。

[①] 马丁·海德格尔.论根据的本质（1928）[A].孙周兴，译.上海：上海三联书店，1996：166.

[②] 王庆节.超越、超越论与海德格尔的《存在与时间》[J].同济大学学报（社会科学版），2014，25（1）：5–12.

[③] 康德.任何一种能够作为科学出现的未来形而上学导论[M].庞景仁，译.北京：商务印书馆，1978：172.

总的来说，康德的先验论关心的是知识问题，即主体的认知方式，以及主体的认知方式能够获得关于客体的哪种知识。

与康德的先验论不同，胡塞尔的先验论（transcendental）关于整个意识。通过范畴直观，胡塞尔突破了康德在物自身和现象之间建立的区分，认为"现象"是一种自身显现，在现象背后没有不可见的本质。胡塞尔提出搁置自然态度并回到彻底的无前提性，认为只有通过"纯粹意识"才能够搁置对前提的预设，但这一思路恰恰将"意识"预设为现象的自身显现的根本前提。在"先验还原"中，事物并不是自身显现而是向着意识显现，一切现象甚至世界本身都成了被意识所构造的意向相关物。"回到事情本身"因而成了"回到意识本身"，① 且对于胡塞尔来说，"意识"指的是明确且主动性的意识，而非被动接收的意识。因而"意识"的构造有所局限，局限于明确的意识与意向相关项之间。世界作为一个预先给出的"视域"或"背景"无法作为一个明确的对象被意识所构造。同样的，一些前意向性的意识活动（如海德格尔分析的领会和理解等）在胡塞尔这里被视为尚未达到明确的显现的非意向性内容，② 因而在某种程度上被忽略，③ 胡塞尔的先验还原因而局限于"意识"之中，并忽略了源初的世界现象。

在海德格尔看来，康德意义上的"超越"是对"超越"进行

---

① 吴增定. 艺术作品的本源与海德格尔的现象学革命 [J]. 文艺研究，2011，33（9）：16-24.

② 胡塞尔. 纯粹现象学通论：第 1 卷 [M]. 北京：商务印书馆，1997.

③ "揭示"和"无蔽"从胡塞尔的明见性和范畴直观获得灵感，并对胡塞尔进行了部分的修正，在胡塞尔那里，纯粹意识分为两个部分：非意向性的和意向性的。非意向性的是指尚没有意义的所指，更多的是一种纯粹被动的感觉，如光，颜色，触觉等。非意向性的意识被意向性的意识激活了之后才是有意义的，有所指性的。胡塞尔显然认为意向性的才是更重要的，非意向性的是一种"尚未到达"。但海德格尔所说的无蔽、揭示、领会等更多是非意向性的，相反，意向性的才是衍生的。

存在者层次上的理解，或者说是在解释两种不同层次的存在者之间的关系。因为在康德的知识论意义上的超越论中，"超越"指的就是从主体到客体的逾越过程，即作为主体的存在者逾越出自身去达到作为客体的存在者。[①] 胡塞尔意义上的先验论虽然比康德的先验论范围更大，关心的不仅是知识问题，而是关于整个意识的问题。但在海德格尔看来，无论是康德讨论的经验认知，还是胡塞尔讨论的意向性的意识，都是存在者层面上的，都是此在这种超越性的存在者"在世界之中"的众多方式中的一种，而且还是一种衍生于"在世界之中"的实际生存的外在且非本真的方式。[②] 海德格尔认为，现象学意义上的超越论所谈论的不应该只是认识活动这一种超越活动如何可能，"而应该是包括认识活动在内的一切超越活动如何可能"，而这就不只是知识论和意识论上的问题，而更多地是存在论和生存论上的问题。在海德格尔看来，生存论和存在论意义上的超越论比知识论和意识论的超越论更加根本，或者说存在论意义上的超越论是知识论和意识论得以发生的可能性条件，因为无论是知识论还是意识论都衍生于人的生存。因此，海德格尔在《存在与时间》中的超越论与康德和胡塞尔的超越论相比更类似于一个超 - 超越论。[③]

《存在与时间》中的超越论在这种超 - 超越论的立场下展开。虽然在《存在与时间》中海德格尔并未把超越论作为一个专题来阐释，但在紧随着《存在与时间》之后的《论根据的本质》中，

[①] 王庆节 . 超越、超越论与海德格尔的《存在与时间》[J]. 上海：同济大学学报，2014，25（1）：5–12.

[②] 吴增定 .《艺术作品的本源》与海德格尔的现象学革命 [J]. 文艺研究，2011，33（9）：16–24.

[③] Thomas Sheehan. Why did Heidegger abandon the transcendentalism of being and time?[EB/OL].

海德格尔明确地表达"整个《存在与时间》都可以被视为在处理超越/超越论问题"。① 从《论根据的本质》中给出的阐释来看，在存在论上讨论超越问题意味着"超越"首先应当指某种存在者的存在方式和基本机制，即有那么一种特殊的存在者，它的存在方式和基本机制就是"超越"，而不是当这种存在者去获得知识、去进行意向性构造的时候才发生了"超越行为"。也就是说，在此在这种存在者进行一切行为之前，它首先且总是已经依其本质在超越中并且作为超越而存在。② 甚至于，"超越性的此在"已经是一个同义反复，因为说到此在，就已经说到了超越。③

从这个角度而言，《存在与时间》处理了这样一个问题：以超越为本质的此在是如何超越着的。对这个问题的回答构成了《存在与时间》的上下两部结构。第一部分"世界性"回答此在朝向世界以及世界中的存在者的超越。第二部分"时间性"回答此在向世界的超越因时间性而得以可能。上下两部分用操心结构连接起来。④

具体而言，此在的"在世界之中"本身就是一种超越⑤。此在这种存在者向来已经被抛于具体的生存境域中，并作为以"去存在"为本质的存在者为了自身的"能在"与其他存在者打交道。此在在生存境域中与其他存在者相关联所构成的意蕴整体就是"世界"。此在的生存因而具有"在－世界－中－存在"的结构。海德格尔把这一结构命名为"超越"，并认为"在世界之中"

---

① 马丁·海德格尔.路标 [A]. 孙周兴，译.北京：商务印书馆，2000：189.
② 王庆节.超越、超越论与海德格尔的《存在与时间》[J]. 同济大学学报，2014，25(1)：40-50.
③ 马丁·海德格尔.路标 [A]. 孙周兴，译.北京：商务印书馆，2000：159.
④ 张旭.《存在与时间》的方法、内容和叙事 [J]. 江海学刊，2004，47(1)：52-56.
⑤ 朱清华.海德格尔对主体"自我"的解构 [J]. 世界哲学，2009，54(6)：107-115.

与其他存在者打交道的活动本身就是一系列朝向世界与其他存在者的不断超越。

既然此在与世界中其他存在者打交道的过程本身就是一系列不断的超越，那么此在对世界以及世界中的存在者的领会和理解就是使超越得以可能的前提，因而此在这种进行着意义赋予活动的特殊存在者就是"超越"在存在者层面上的可能性条件。绽出的时间性作为此在之所以能够理解意义的原因就是使此在的生存－超越得以可能的视域，绽出的时间性构建了此在向世界以及世界之中的存在者的超越。①

三、在超越论的视角下，空间性如何被植根于时间性

将空间性归结于时间性基于《存在与时间》中以此在（以及此在的时间性）为中心的超越论，并且是超越论最浓的一部分。在《存在与时间》的第 70 节，针对空间性与时间性的关系，海德格尔指出，"时间性是操心的存在意义。此在的建构和它去存在的方式在存在论上只有根据时间性才是可能的……此在特有的空间性也就必定奠基于时间性"。②

具体而言空间性是如何归结于时间性的呢？海德格尔认为，此在之所以是空间性的或者说此在之所以能够以空间的方式存在并且遭遇上手之物的空间性是因为此在操劳着在世。③ 作为操心的此在只要生存着就通过操劳活动占得了一个活动空间，这个活

---

① 王庆节. 超越、超越论与海德格尔的《存在与时间》[J]. 上海：同济大学学报.2014，25(1)：40–50.

② 马丁·海德格尔. 存在与时间 [M]. 陈嘉映，王庆节，译. 北京：生活·读书·新知三联书店，2014：416.

③ 休伯特·L. 德雷福斯. 在世：评海德格尔的《存在与时间》第一篇 [M]. 朱松峰，译. 杭州：浙江大学出版社，2018：157.

动空间是通过定向和去远组建的,^①是通过此在为自己定向而揭示的活动场所。^②而此在为自己定向植根于此在的当下意图,此在的当下意图(即当下的"需要做什么")又是从"已经被抛于其中的生存处境"(实际性、被抛性)与"对将来的期备"(先行筹划)的共同作用中获得的:已经被抛于某种生存处境的此在从它的生存处境出发先行筹划自身的可能性,并从对可能性的期备中折返回当前、对当前的处境有所作为。这个过程构成了"操心"的整体结构:先行于自身的－已经在(一世界)中的－作为寓于(世内照面的存在者)的存在。^③其中,"已经在(一世界)中的"对应着"曾在","先行于自身"对应着"将来","作为寓于(世内照面的存在者)的存在"对应着"当前"。以此,此在的空间性通过操心结构被奠基于绽出的时间性:将来、曾在与当前的共同绽出作为此在源始统一的时间性组建着操心的整体结构,是操心结构的意义;此在的空间式存在展开于操心结构的"作为寓于(世内照面的存在者)的存在"这一部分,而这一部分作为"当前"始终与"将来"和"曾在"在时间性的统一中共同绽出。也就是说,空间性是在时间性的一个维度中被开启,^④与空间性相关的去远和定向及其对世内存在者的空间性的组建在时间性的统一中才成为可能。

在海德格尔看来,只有从操心结构,从绽出的时间性这一角

---

① 马丁·海德格尔.存在与时间 [M].陈嘉映,王庆节,译.北京:生活·读书·新知三联书店,2014:417.

② 休伯特·L.德雷福斯.在世:评海德格尔的《存在与时间》第一篇 [M].朱松峰,译.杭州:浙江大学出版社,2018:156.

③ 马丁·海德格尔.存在与时间 [M].陈嘉映,王庆节,译.北京:生活·读书·新知三联书店,2014:226.

④ 波尔特.存在的急迫:论海德格尔的《对哲学的献文》[M].张志和,译.上海:上海书店出版社,2009:259.

度而言，此在所占得的生存空间才能够是一个在具体的意图中有意义地敞开的活动空间，"当下实际的形势和处境的'这里'"所意味的才能够不只是一个"空间地点"。① 但日常生活中，此在通常沉沦于当前化，总是遗忘了自己在时间性中的折返，忽略了是时间性的绽出使自己处于当前的任务中并对操劳活动有所揭示，因而似乎总只有一个当前，而"曾在"已经不在，"将来"尚未到来。于是便衍生出了此在仿佛置身于现成的当前中，如现成物与其他现成物一并摆置在现成的空间中这种看法。海德格尔将这种状态称为"时间性失落在当前化之中"认为它没有从此在之存在的源始统一去分析此在的存在，因而忽略了"只有根据绽出视野的时间性，此在才可能闯入空间"。②

将空间性归结于时间性在某种程度上是一种对亚里士多德的回溯。虽然在对存在的理解上面，海德格尔用一种在时间中的存在代替了亚里士多德对存在的定义。但将操心的意义归结于时间性在某种程度上借鉴了亚里士多德的目的论。海德格尔所借鉴的不是作为形而上学家的亚里士多德，而是作为伦理学家的亚里士多德。在亚里士多德目的论的基本框架中，所有的实践都有目的导向，低的目的是高的目的的手段，整体目的高于部分目的。当海德格尔用从将来折返回当下的目光解释当下的操劳活动时，这种目的论也隐含在《存在与时间》的结构中。③ 不过不同的是，对于亚里士多德来说，人生在世的所有活动有一个总的目的（即善好），终结意味着一种实现和圆满。而对于海德格尔而言，

---

① 马丁·海德格尔. 存在与时间 [M]. 陈嘉映，王庆节，译. 北京：生活·读书·新知三联书店，2014：418.

② 马丁·海德格尔. 存在与时间 [M]. 陈嘉映，王庆节，译. 北京：生活·读书·新知三联书店，2014：419.

③ William blattner, Heidegger's Temporal Idealism [M].Cambridge University Press,1999.

所有的操劳活动的最终意义指向时间性，而时间性的终点是死亡，死亡是一个纯粹的终结，是最终的无目的，终极的根据是无根据。①

四、将空间性植根于时间性给空间阐释带来的问题

从《存在与时间》中超越论的具体体现而言，这一超越论回答的是"可理解性如何可能"这个问题。诚然，无论是此在向世界以及世界中的存在者的超越，还是将此在及其绽出的时间性作为使超越得以可能的条件，都指向着"事物是如何被超越的"，换句话说就是"事物对我们而言如何可能有意义""存在的意义是如何产生的""事物之无蔽是如何发生的"。因而《存在与时间》中的超越论始终关涉于作为无蔽的真理。② 对空间性的阐释在这一背景下展开，并在这一背景下脱离了现代广延空间的桎梏：此在的生存活动赋予世内存在者所在之处，世内存在者在此在的筹划中获得意蕴中的位置关系，位置与场所在意蕴整体中相互关联，在相互参照中各具意义，彼此有别，空间由各具意义的位置交错而成。

虽然《存在与时间》的空间阐释已经颇具革命性，但如在以上几节中讨论过的，《存在与时间》在空间问题的处理上尚有一些混乱之处。混乱之处并不在于将空间性植根于世界性，而是在于《存在与时间》整体结构上的"层级关系"：从整部书的结构框架上，空间性通过操心结构归结于时间性；在空间问题内部的结构框架上：其他空间类型（用具空间，客观空间，具身性空间）衍生于此在生存论的空间性。这一系列的层级关系在《存在与时

---

① 吴增定. 伟大的正午：海德格尔视野中的尼采与胡塞尔 [J]. 哲学门，2019.
② Françoise Dastur.Heidegger and the Question of Time[M].trans,François Raffoul and David Pettigrew.Amherst, N.Y.:Humanity Books,1999.

间》的整体结构中自有道理。但正是对整体结构或者说层级关系的维护使空间问题出现了局限、矛盾和模糊不清等问题，也正是关于空间的问题暴露出《存在与时间》中超越论取向的危险之处。

更近一步说，将空间性归结为时间性依赖于对此在"组建"空间的强调。若空间性并不是被此在的操劳活动所组建的，则它就不能被归结到此在的时间性上来，若其他类型的空间性不被植根于个体此在生存论上的空间性，则个体此在的绽出时间性就不能将空间性纳于其中。[①] 因而对此在组建空间的强调对于《存在与时间》的整体结构而言实属必需，而对空间的阐释中出现的诸多"不可碰触之处"滋生于对这一强调的维护：如身体空间不需被绽出的时间性组建所以被忽略，自然的维度无法被组建所以呈现出缺失，公共空间在组建之前就在先地敞开所以被模糊地阐释。与之类似的危险之处还包括将事物预先设定为用具，以此将事物兜转到此在这一"为何之故"上来。[②]

虽然的确只有此在这种存在者能够理解事物之所用并根据自己的意图组建事物之间的位置关系，但首先，能够被此在组建的空间局限于与此在的操劳活动直接相关的空间，而此在实际上经验着的空间却不局限于操劳活动。其次，即便在此在对空间的组建中，此在也似乎总是被抛于其他存在者已经就绪的位置关系中，并从已经就绪的位置关系中读取自身之所处，继而才能够有所意图的组建事物的位置，也就是说，此在总是已经被其他存在者的位置关系所支配，此在的有限性不仅在于时间性上的"有所终"，也在于空间性上的"被置于"，此在对空间的组建植根于此在对

---

① Jeff Malpas .The Twofold Character of Truth: Heidegger, Davidson, Tugendhat[C]. Essay from DIVINATIO, volume 34, autumn–winter 2011:p18.

② 陈嘉映 . 海德格尔哲学概论 [M]. 北京：商务印书馆，2014：65.

空间的归属。

　　海德格尔显然也意识到了将空间性归结为时间性有可能对空间造成一定程度上的消抹，因而强调，虽然此在特殊的空间性在生存论上只有通过时间性才可能，但"这却既非意在从时间中演绎出空间来，也非意在把空间抹灭为纯粹时间。"[1] 如果顺着这句话的思路来理解，那么在《存在与时间》的语境中"此在特殊的空间性在生存论上只有通过时间性才可能"的意思似乎是：此在特殊的空间性只有通过绽出的时间性才能够在"可理解性"和"存在的意义"方面被理解，[2] 即此在特殊的空间性之"存在的意义"要从时间性方面被解释，因为时间性为存在之理解提供了一个绽出的视野。或许将空间性归结于时间性还有一层更深的理解方式，即当前化的存在者之所以能够在场需要建基于缺席者或不直接显现者之上，尚未直接显现的给出了直接显现的。[3] 这种理解方式在海德格尔后来对"本质性的遮蔽"的讨论中愈见深厚并将事物之显现中无法被此在所超越的维度带入思考，对空间的阐释在这一过程中逐渐从显现的走向庇护与隐藏的。但单就《存在与时间》来说，无论以上哪种说法都不能抹消在将空间性归结为时间性对空间问题造成的局限。

　　从《存在与时间》的表述而言，超越论最终将原初的"处境

---

[1] 马丁·海德格尔. 存在与时间 [M]. 陈嘉映，王庆节，译. 北京：生活·读书·新知三联书店，2014：416.

[2] Jeff Malpas. Heidegger's Topology: Being, Place, World (A Bradford Book)[M]. The MIT Press,2007: p105.

[3] 波尔特. 存在的急迫：论海德格尔的《对哲学的献文》[M]. 张志和，译. 上海：上海书店出版社，2009：172-173.

性"建立在个体此在的时间性之上，① 对其他内容的阐释围绕着
"时间性使得存在被给予此在"② 这一论断给出。而个体此在的时
间性中"前瞻性筹划"的意味在某种程度上缩小了意义理解的范
围，也就是说，以此在及此在的时间性为中心的超越论在一定程
度上阻碍了对其他问题的回答，这一点在对空间的阐释中尤为明
显。在后来的《时间与存在》中海德格尔明确地表明"《存在与
时间》中将空间性归结于时间性是站不住脚的"，换言之，空间
性不应作为生存论上的操劳的一个函数③，而是更多地关涉于源初
的处境性。关于空间性的问题或许是海德格尔在很大程度上放弃
以此在为中心的超越论的原因之一。在后期路径的改变中空间问
题得到了更加深厚的阐释，这一部分内容将在下一章展开讨论。

---

① Jeff Malpas. Heidegger's Topology: Being, Place, World (A Bradford Book)[M]. The MIT Press,2007: p158.

② 波尔特 . 存在的急迫 : 论海德格尔的《对哲学的献文》[M]. 张志和，译 . 上海 : 上海书店出版社，2009 : 81.

③ 休伯特 · L. 德雷福斯 . 在世 : 评海德格尔的《存在与时间》第一篇 [M]. 朱松峰，译 . 杭州 : 浙江大学出版社，2018 : 157.

第四章

海德格尔后期对空间的阐释

第一节 思想背景：从《存在与时间》到后期的思想转向

一、海德格尔不变的关键问题

上一章围绕着《存在与时间》中的空间阐释分析了《存在与时间》中的超越论取向及其可能带来的一些问题。《存在与时间》之后，海德格尔的思考经历了一系列的转变，用他的自述来说，从存在的意义到存在的真理到存在的地形学。[①]但如托马斯·希恩（Thomas Sheehan）所说，海德格尔的核心问题并没有发生改变，思考重心的改变是为了以不同的方式思考核心问题。[②]对空间的阐释在以不同方式探入关键问题的过程中日渐丰厚，因而这一关键问题及其历经的路径对于探究海德格尔的空间阐释而言非常重要，可以说是不可忽视的思考背景。

托马斯·希恩在很多著作和文章中探讨过海德格尔的"关键问题"。概括地来说，海德格尔的关键问题是：作为去蔽的真理的根源是什么，即"任何存在之物的被给予性或可理解性、可通达性"的源头（"which account for and is the source or origin of

---

① 马丁·海德格尔. 讨论班 [A]. 王志宏，石磊，译. 北京：商务印书馆，2018.

② Thomas Sheehan. heidegger never got Beyond facticity[EB/OL]. https://religiousstudies. stanford.edu/sites/g/files/sbiybj5946/f/heidegger_never_got_beyond_facticity_0.pdf.

meaningful presence at all")。① 在这个意义上，海德格尔所关注的不只是有意义地显现的存在者，而是那个使存在在其中得以发生的"whence"，即存在本身的来源。②

正是对这一关键问题的追问印证了海德格尔始终是一个现象学家而不是形而上学家。虽然对形而上学语汇的借用（如对 being 的使用）不可避免地导致了一些误解：③ 既然形而上学一直在追问"存在"，那么形而上学又何以遗忘了存在？既然海德格尔也一直在追问"存在"，那么何以海德格尔就不是一个形而上学家？区别在于海德格尔在"存在"一词之下所问询的始终是"意义"，或者更具体地说，海德格尔追问的是意义何其来源，即追问那个能够让我们在事物的有意义在场中对事物进行理解的东西，而不是最高的存在者或存在者之存在性。在这个问题域之下，从《存在与时间》一直到后期，海德格尔所探讨的一直是意义的发生场域。此在、世界、"the appropriated clearing"④ "thrown-open"、此在与存在之间的相互征用，包括由物开敞的四重整体等，都可以被视为从不同角度探问"意义的开放场域"。在如此这般的场域之中，事物有意义的在场对我们来说成为可理解的，同时

---

① Thomas Sheehan. kehre and ereignis : a prolegomenon to introduction to metaphysics[J]. 2001.Pholosopy.

② Thomas Sheehan. Making sense of Heidegger:a paradigm shift[M]. London: Rowman & Littlefield International Ltd,2015:p9.

③ 然而若海德格尔从一开始就完全不借用形而上学的语汇而是独辟新的语汇，那么将更难以道说出这一"新词"意味着什么，因为新的意义需要以旧的意义为场域在差异中被道出，在差异的累积中一个新的语汇才能够开始发挥作用，因而旧的词汇需要为新的词汇提供一个可入的视角。这一点也说明了《存在与时间》及其对形而上学语汇的使用和对以此在为中心的超越论的采用不仅是"过渡性"的，而恰是思想所需的必经之路，且这条必经之路持续地在后期的路径中发挥着作用。

④ Thomas Sheehan. Making sense of Heidegger:a paradigm shift[M]. London: Rowman & Littlefield International Ltd,2015: foreword, xii.

我们也在这场域中理解自身。甚至可以说，只有"意义的开放场域"才是海德格尔哲学之思的真正区域，当迈入了这一区域所论及的"存在的给出者"（das Lassen des Anwesens）之后，"存在本身"（das Anwesen）将不再是合适的论题。正是在这个意义上，海德格尔始终作为一个现象学家而不是形而上学家在思考，诚如托马斯·希恩所说，在海德格尔这里"Being"甚至可以被替换为"meaningfulness"。①

对"意义之可理解性的来源"的追问促使海德格尔追问意义之场域是如何发生又是如何产生作用的，我们又是如何在意义之场域中将事物解蔽。这一追问不仅是一个彻底的现象学问题，而且始终关涉于作为无蔽的真理。也是在这个角度上，即在对作为无蔽的真理的遗忘中，传统形而上学遗忘了"存在"，它所遗忘的"存在"不是"最高的存在者"或"事物的实在性"（the realness of things），而是使作为无蔽的真理得以发生、使意义得以显现的开放场域。对于海德格尔而言，这一在传统形而上学的视域中被遗忘的意义之开放场域正是作为解蔽的真理的本质。②

二、《存在与时间》的局限之处

那么《存在与时间》的局限之处在于什么？既然"此在"与"世界"的提出已经将一个意义场域以及这一意义场域如何对我们而言是可理解的阐释出来，为何无法顺着这条道路继续阐释下去？

如上文所述，海德格尔真正想要追问的关键问题在于"可

---

① Thomas Sheehan. Making sense of Heidegger:a paradigm shift[M]. London: Rowman & Littlefield International Ltd,2015: foreword, xv.

② 托马斯·希恩用"open realm""open region""the openness"等词指代海德格尔所追问的使存在的意义得以显现的"敞开域"。

理解性的根源"，而"可理解性的根源"推至最根源处应该是一个环抱着所有存在者的意义场域的在先敞开，即海德格尔后期用"存在之疏明"（die lichtung）"敞开域"（das offenne）所指的"存在自身的敞开"，这个在先敞开的意义场域比包括此在在内的所有存在者都更真切地存在着，[1] 基于这个在先敞开的意义场域，此在才能够解蔽在其处境中环围着他的存在者。托马斯·希恩将这一抽象的"敞开域"或"林中空地"比作在我们从事任何事情之前就已经敞开的郊野，已经敞开的郊野从来不作为对象与我们相对而立，也不可能作为一个对象被我们所超越，反倒是此在的超越活动依赖于对这一郊野的踏入。[2] 而《存在与时间》的局限之处在于，它所阐论的是我们如何看向郊野中的对象，即我们是如何超越郊野中的对象并与它们相融的。而无论是作为此在的"我们"还是我们看向郊野中对象的行为都不能作为这片郊野之所以敞开的原因，因而"我们"及"我们特殊的绽出时间性"就不能被视为"可理解性"的终极根源，也不能被视为"被给予者的被给予性的基础"。[3] 唯一或终极的根源在于"郊野"的敞开，或者用《哲学论稿》中的术语来说，在于"存在的给予"或"存在对此在的征用所奠基的场域"。[4]

从这个视角来看，"敞开域"（das Offenne）、"林中空地"

[1] 吴增定.《艺术作品的本源》与海德格尔的现象学革命 [J]. 文艺研究，2011，33（9）：16-24.

[2] Thomas Sheehan. Why did Heidegger abandon the transcendentalism of being and time?. [EB/OL] Unpublished ariticle.

[3] 波尔特. 存在的急迫：论海德格尔的《对哲学的献文》[M]. 张志和，译. 上海：上海书店出版社，2009：64.

[4] Martin Heidegger .Contributions to philosophy: of the event[M]. Trans, Daniela Vallega-Neu.Indiana university press,2012.

（die Lichtung）等，作为一个使意义得以显现的开放场域，更加源初地回答了"有意义的显现之来源"这个问题。与《存在与时间》将此在的绽出时间性阐释为使存在之理解得以可能的原因相比，这个回答因为更少些"前提性"而更加接近"事情本身"。①也是从这个角度而言，《存在与时间》以此在的时间性为中心的超越论似乎踏入了对先天结构的追寻。对先天结构的追寻指的是什么？这一条路线可以追溯到传统形而上学对共相的追求。传统形而上学试图追问"存在"，而"存在"本身无处不在又不现成地在某一处，因而"存在"本身没有任何具体的特征，它更多地是潜伏在存在者之中。②所以传统形而上学转而追问"存在"的"效果"，即"存在者"，进而发现"存在者"具有各种类型和特征因而是可以探究的。于是就把存在者的诸类型以及诸类型之间的关系作为探究"存在"的手段。海德格尔认为这一探究手段所探究的其实不是"存在"本身，而是"存在性"。③在"存在性"中被道出的是存在者的最普遍特征，且这些从具体的存在者中归纳出的"最普遍特征"具有先于具体的存在者而存在的结构。④这种结构预设了存在者能够从哪些方面被通达，因而对这些结构的追寻是一种对经验的可能性条件的追寻。那么《存在与时间》为何有踏入对先天结构的追寻的危险呢？因为此在的时间性使此

---

① 从海德格尔对胡塞尔先验还原的批判来看，在海德格尔看来"前提性"是对无蔽或"明见性"的一种阻碍。

② 波尔特.存在的急迫：论海德格尔的《对哲学的献文》[M].张志和，译.上海：上海书店出版社，2009：81.

③ 波尔特.存在的急迫：论海德格尔的《对哲学的献文》[M].张志和，译.上海：上海书店出版社，2009：78.

④ 波尔特.存在的急迫：论海德格尔的《对哲学的献文》[M].张志和，译.上海：上海书店出版社，2009：79.

在对存在者的体验成为可能，它作为一种可能性条件类似于一种
"先天结构"。海德格尔将传统形而上学对"存在性"的追问视为
对存在者的被给予性的一种"附录"或"补遗"，[①]认为这种补遗
作为一种抽象遮盖了被给予的存在者的优先性。但在《存在与时
间》对时间性的阐释中却存在着与康德图式论非常相似的特点：
时间性对于存在者的被给予而言是奠基性的。[②]也正是在这一点
上，如波尔特所说，"《存在与时间》似乎被形而上学对存在性的
那种寻求抓住了"，[③]存在者与存在本身之间的差异与张力很容易
被解读为存在者与此在的时间性之间的关系，此在的时间性有被
误解为比存在更具优先性的危险，它的界限先天地指定了存在的
意义，就像在康德那里主体的先验形式制定了经验的结构，继而
问题回到了其他存在者与此在这种特殊存在者之间的关系上。存
在论差异在某种程度上被模糊，海德格尔在《存在与时间》上半
部揭示出的此在与世界的相属（或者说此在对无蔽的归属）在一
定程度上被减消。

　　以上所说的《存在与时间》的局限性，以及《存在与时间》
的路径为何不能继续用于追问海德格尔的关键问题，概括地说来
都与以此在为中心的超越论有关。那么海德格尔后期彻底放弃了
超越论吗，或者说海德格尔彻底放弃了"先验"的取向吗？如果
我们把超越论视为一种对"根源"的追问，那么海德格尔并没有
放弃超越论，如上文所述，他始终没有放弃对"根源"的追寻。

---

① Martin Heidegger .Contributions to philosophy: of the event[M]. Trans, Daniela Vallega-Neu.Indiana university press,2012:p112.

② 波尔特.存在的急迫：论海德格尔的《对哲学的献文》[M].张志和，译.上海：上海书店出版社，2009：66.

③ 波尔特.存在的急迫：论海德格尔的《对哲学的献文》[M].张志和，译.上海：上海书店出版社，2009：67.

海德格尔在很大程度上放弃的是以此在为中心的超越论,即他所放弃的是为"根源"预设的前提。从对根源之"前提"的放弃出发,海德格尔开启了后期路径上的"转向"。①

三、后期路径

从海德格尔的关键问题和《存在与时间》的局限性而言,后期的路径在很多方面上发生了转变,在这些转变中共同发生的是此在"主动性"的弱化,对此在的"主动性"的弱化具体地体现于此在与存在、与真理、与世界的关系的重新阐释中。在这些关系的变化中海德格尔逐渐为他的关键问题廓出更源初、更无前提性的视域。所以,这一部分将从此在与存在、真理和世界的关系而言探讨后期的路径转变,并为下一部分将要讨论的"路径的转变对空间阐释的影响"做铺垫。

1. 此在与存在的关系

海德格尔后期所思考的"根源"更多的是"被给予性"的根源,即事物的意义缘何被给予我们了,或者说,我们缘何能够"有机会"对事物进行理解。这一根源的落脚点在于"给出者",即"存在本身"。而《存在与时间》所追问的"根源"更多的是"我们为何具有能够理解事物的意义的能力",这种"能力"是如何发挥作用的。这一"根源"的落脚点更多地在于接受着"给出"的"理解者",即"此在"。由此而言,从《存在与时间》到后期,关键问题的落脚点发生了变化,伴随着这一变化,此在与存在的关系被重新阐释。

---

① 很多研究者诟病海格德尔在《存在与时间》中对超越论的使用,但如果我们把"超越论"视为一种对根源(ground)的追寻的话,那么他们所诟病的实际上或许并不是超越论本身,而是诟病《存在与时间》中对超越论的使用方式:以此在为中心的那种超越论将关于"有意义的显现"的问题收得有些狭窄。

　　基于对此在与存在的关系的重新思考，海德格尔后期重新阐释了"此在"与"存在"。这些阐释与《存在与时间》中有所不同，所以在讨论此在与存在的关系的转变之前，需要提前廓清海德格尔后期所讨论的"此在"与"存在"意味着什么。

　　海德格尔后期将"此在"（dasein）写作"da-sein"。在这一改变中蕴含了此在角色的变化。在《存在与时间》中，"此在"是对人这种特殊存在者的生存论状态的描述，也就是说，"此在"是人这种特殊存在者的存在方式。虽然"此在"有本真或非本真的模式，但无论是否本真地生存着，人这种存在者都已经以"此在"的方式生存，且"此在本身就是疏明，人到哪里，就把疏明带到哪里"。[①] 后期，此在更多的是一个需要进入的境况，只有当人被存在所征用因而进入到"疏明之地"时，人才能作为此在进入人的本质，此在因此更多的是人的一种可能性。[②] 说到此在意味着已经脱离了与存在的相离并进入了某种本真性。[③] 从海德格尔将"da-sein"翻译为"ex-sistence"来分析，拉丁文"ex-sistere"中，"sistere"是一个使役动词，指"令某人或某物站出并超越自身"，因而进入此在这一状态并不是人主动地站了出去（take a stand），而是人被抛入本质的可能性中（made to stand out and beyond）。[④]

　　与此同时，"存在"（sein）在后期的阐释中被写作"Seyn"。

[①] 陈嘉映. 海德格尔哲学概论 [M]. 北京：商务印书馆，2014：67.

[②] 波尔特. 存在的急迫：论海德格尔的《对哲学的献文》[M]. 张志和，译. 上海：上海书店出版社，2009：232.

[③] 波尔特. 存在的急迫：论海德格尔的《对哲学的献文》[M]. 张志和，译. 上海：上海书店出版社，2009：204.

[④] Thomas Sheehan. Making sense of Heidegger:a paradigm shift[M]. London: Rowman & Littlefield International Ltd,2015: foreword, xvi.

Seyn 指的是"对存在者之存在的给予——对如其本然的存在者的意义的赋予的发生",[①] 即一种先于一切具体的解蔽活动的、开端性的开启事件,[②] 这一开端性的事件不是任何意义上的在场者,而是支配着产生效用。海德格尔用"Seyn"表示一种比《存在与时间》中讨论的"存在"更源初的含义,"更源初"指的是以脱离此在的桎梏的方式思考关于"来源"的问题,强调存在(Seyn)的征用性,并在对征用性的强调中指向其所敞开的场域,将存在所敞开的场域作为真理的根源和基础,[③] 人因进入这一场域之中并归属于这一场域而成为"da-sein"。

后期对"此在"(da-sein)和"存在"(Seyn)的阐释已经将转向中此在与存在的关系部分地表现出来,而"Kehre"和"Ereignis"这两个后期的关键概念将此在与存在的关系表达得更加具体。"Kehre"这个概念经常被理解为用来代指海德格尔从前期到后期的"转向",即作为思想上的一系列事件的"转向"。但如托马斯·希恩所言,"Kehre"这个词不是指发生于海德格尔思想中的某种转向事件,而是指此在与存在的相互关系。[④] 具体而言,"Kehre"指的是此在与存在之间有着两相需要的相互关系:存在不可能在没有此在的情况下发生,而此在本身则除非对存在作出回应,否则就不会存在。此在既被动地被抛入存在之中继而

---

① 波尔特.存在的急迫:论海德格尔的《对哲学的献文》[M].张志和,译.上海:上海书店出版社,2009:82.

② 波尔特.存在的急迫:论海德格尔的《对哲学的献文》[M].张志和,译.上海:上海书店出版社,2009:277.

③ Martin Heidegger .Contributions to philosophy: of the event[M]. Trans, Daniela Vallega-Neu.Indiana university press,2012:p58,66–67.

④ Thomas Sheehan. kehre and ereignis:a prolegomenon to introduction to metaphysics[J]. 2001.Pholosopy.

才能展开自身的筹划，同时又作为建基性的"所在"被存在所要求和需要。在这个意义上，此在被抛入的正是对存在的担负，是人与存在之间的张力。

在这一阐释之下，海德格尔将"Kehre"视为一个能够一劳永逸地克服《存在与时间》中以此在为中心的超越论的概念。[①] 在《存在与时间》中，此在的被抛与投设（projection）被解释为事物之所以能够解蔽的基础。而在对"Kehre"的阐释中，此在与存在的相互归属是此在的被抛与投设的基础，[②] 也就是说，此在作为一个通过投设而解蔽事物的存在者，其解蔽并不是自足的，这种解蔽依赖于此在被存在所征用，[③] 或者更进一步说，若要给"事物之被给予"加上一个主语，这个主语将是"作为征用的存在"[④]。被存在所征用的此在是一个"被抛的抛投者"（thrown-thrower），[⑤] 在"被抛的抛投者"这个表述中强调的是此在因被抛才能够成为一个抛投者（也就是说，与《存在与时间》中"投设"优先于被抛不同，《哲学献文》中强调被抛优先于投设），而此在之被抛指的就是此在被抛入存在，被征用于存在给出的场域（site）。[⑥] 在这一阐释中，此在不再是一个规定经验之可能性条件

[①] Martin Heidegger .Contributions to philosophy: of the event[M]. Trans, Daniela Vallega-Neu.Indiana university press,2012:p259.

[②] 波尔特 . 存在的急迫：论海德格尔的《对哲学的献文》[M]. 张志和，译 . 上海：上海书店出版社，2009：246.

[③] 波尔特 . 存在的急迫：论海德格尔的《对哲学的献文》[M]. 张志和，译 . 上海：上海书店出版社，2009：68.

[④] 波尔特 . 存在的急迫：论海德格尔的《对哲学的献文》[M]. 张志和，译 . 上海：上海书店出版社，2009：83.

[⑤] 波尔特 . 存在的急迫：论海德格尔的《对哲学的献文》[M]. 张志和，译 . 上海：上海书店出版社，2009：246.

[⑥] 波尔特 . 存在的急迫：论海德格尔的《对哲学的献文》[M]. 张志和，译 . 上海：上海书店出版社，2009：279.

的主体，[①] 而是一个踏入"存在"的源初开启事件"主体"，存在者的存在之意义也不是仅因此在的投设才成为可能。[②]

在对"Ereignis"的阐释中同样蕴含着此在与存在的关系。"Ereignis"作为"存在的赠予事件"（das Geschenk）指"存在者之存在的源初给予"，在这个意义上，"Ereignis"是一切其他事件的根源，[③] 它作为一种开端性的"发生"先于一切具体的事件且不在任何具体事件的因果序列中。[④] 它更类似于一个打开了存在之场域（site）的事件，在被"存在的赠予事件"开启的场域中，一切解蔽活动才得以发生，此在才得以"扎根"。[⑤] 在"存在的赠予事件"中，给出赠予的是"存在"，此在不是控制着这一事件发生的原因，而是守护者和接受者。海德格尔晚年在"无为"（die Gelassenheit）这个概念中所表达的正是人作为守护者对存在之赠予的接受。[⑥]

值得强调的是，在以上这些概念中所道出的"此在与存在的关系变化"中，此在的主动性虽然被弱化，但此在并不是完全被动的，此在也不是"衍生于"存在。存在对此在的征用是存在对

[①] Martin Heidegger .Contributions to philosophy: of the event[M]. Trans, Daniela Vallega-Neu.Indiana university press,2012:p447,p448,p452,p455.

[②] 关于归属的思想并不是在后期才出现，而是已经在《存在与时间》中运作着（比如对此在的"实际性"的阐释），但是由于《存在与时间》的先验路径，关于归属的思想没有被充分地进行下去。从这一角度而言，后期对此在与存在的关系的讨论并不是对《存在与时间》的反对，而是把关于归属的思想推及更远。

[③] 波尔特 . 存在的急迫：论海德格尔的《对哲学的献文》[M]. 张志和，译 . 上海：上海书店出版社，2009：113.

[④] 波尔特 . 存在的急迫：论海德格尔的《对哲学的献文》[M]. 张志和，译 . 上海：上海书店出版社，2009：107.

[⑤] 波尔特 . 存在的急迫：论海德格尔的《对哲学的献文》[M]. 张志和，译 . 上海：上海书店出版社，2009：116.

[⑥] 张旭 . 礼物 [M]. 北京：北京大学出版社，2013：126.

此在的需要，此在更多的是一个"回应者"，[1] 或"创造性的接收者"。[2] 海德格尔虽然弱化了此在的主动性，但是他真正想要弱化的是此在对存在的意义的"全然赋予"以及这种"全然赋予"所带来的遮蔽和局限。对于海德格尔来说，事物的在场始终指的是事物之有意义的显现，以现象学的视角来看，这种有意义的显现始终脱不开此在对事物的理解。所以无论是对"da-sein""Seyn"还是对"Kehre"与"Ereignis"的阐释都并没有撤销此在的特殊位置。此在作为理解事物之意义的存在者始终是意义的发生场所，是存在（Seyn）之显现的枢纽，并创造性地接收存在的敞开。

2. 此在与真理的关系

"此在与真理的关系"与"此在与存在的关系"在一定程度上是一回事情，因为在海德格尔这里"存在"与"真理"在某种程度上是等同的：作为无蔽的真理就是存在的本质性发生[3]，对存在者的被给予性的追问其实就是在追问作为去蔽的真理的根源[4]。但若直接说"存在"与"真理"就是等同的有些粗暴，因为海德格尔也说过，对真理的追问是为思考存在如何本质性地发生做预备。[5] 两种说法似乎都有道理，因而就不在这里过多地纠缠于这个问题。可以肯定的是，关于"存在"的问题在很大程度上就是

---

[1] 波尔特 . 存在的急迫：论海德格尔的《对哲学的献文》[M]. 张志和，译 . 上海：上海书店出版社，2009：166.

[2] 波尔特 . 存在的急迫：论海德格尔的《对哲学的献文》[M]. 张志和，译 . 上海：上海书店出版社，2009：159.

[3] Martin Heidegger .Contributions to philosophy: of the event[M]. Trans, Daniela Vallega-Neu.Indiana university press,2012:p93.

[4] Thomas Sheehan. kehre and ereignis : a prolegomenon to introduction to metaphysics[J]. 2001.Pholosopy.

[5] Martin Heidegger .Contributions to philosophy: of the event[M]. Trans, Daniela Vallega-Neu.Indiana university press,2012:p387.

在关于"作为无蔽的真理"的问题中被表达的、存在所敞开的场域就是真理之根源。那么此在与真理的关系在某种程度上也就是此在与存在的关系。

前面在讨论《存在与时间》中对作为无蔽的真理的阐释时提到过，在《存在与时间》中，此在的生存本身就是一系列的解蔽活动，此在对其生存处境的开敞就是"真理"的源初样式，此在携带着对"疏明"的开敞，此在在哪里，就把"疏明"带到哪里。① 后期，随着对"敞开域"的追问，此在不再是使"疏明"得以敞开的原因，此在的"投设"也不再是其他存在者被解蔽的根本原因。此在的"投设"依赖于此在对疏明之地的踏入，而疏明之地（即"敞开域"）被视为作为无蔽的真理的本质。疏明之地环抱着包括此在的所有存在者，使它们作为彼此关联和彼此相异的存在者而运作起来，它比所有存在者都更真切地存在着，此在因踏入疏明之地而得以解蔽其他存在者。

1969 年在莱托的讲座中，海德格尔谈及了他的思想主题从"存在的意义"转向"存在的真理"的原因。认为《存在与时间》中"存在的意义"是被放在此在的"投设"中来理解的，而此在的"投设"又基于此在对事物的理解，因此很容易产生将"投设"视为仅仅是人类的行为这种误读，也就是如萨特所理解的那样——将"投设"放入主体主义的结构中。然而海德格尔的本意是用"投设"意指一种"敞开的开启"，所以，用"存在的真理"替换"存在的意义"能够更加贴近本意减少误解，② 这一替换的目的之一是避免主体主义的嫌疑，即表明存在的意义并非仅由此

---

① 陈嘉映 . 海德格尔哲学概论 [M]. 北京 : 商务印书馆，2014 : 67.
② Martin Heidegger. Seminar in Le Thor 1969.pp.40－41(GA 15:334－335)[A].

在所完成，换句话说，此在是被存在的真理的本现所征用。与之类似的解释也出现在 1962 年的一次关于《时间与存在》的讨论课中，"《存在与时间》致力于根据时间的先验境域作一种存在阐释。这里'先验的'意谓何？它并不是指在意识中被构造的经验对象的对象性，而是指根据此在的澄明而被展望到存在（亦即在场本身）之规定的筹划（投设）领域。"① 这里，海德格尔把"投设"归到"一个令投设得以发生的场域"上，这个场域的敞开本身不根源于人类，人类的活动参与了它的显现。

　　相似的解释还出现在 1946 年的《关于人道主义的信》中，在《关于人道主义的信》中，海德格尔对此在与真理的关系进行了梳理，这些梳理将在《哲学献文》中已经出现的转向表达得更加清楚。如，"《存在与时间》中所说的此在的"投设"（project）不是此在的主观成就，此在的"投设"是基于此在与"澄明"的关系"②；"此在之本质在于它对澄明的踏入③，而此在作为被抛者是在存在对此在的抛投中才成其本质"；"存在对人的这种本质关系不是由人的思想所创造的，存在的真理也不因人的出现而出现，甚至连文化和文明也首先是因人被抛入存在的真理才会行世"④；"人是被抛入存在的真理之中的看护者，以便存在者作为它所是的存在者在存在的光明中现象。而至于存在者是否现象以及如何现象，上帝与诸神、历史与自然是否进入存在的澄明中以及如何进入存在的澄明中，是否在场与不在场以及如何在场与不在场，这些都不是人决定的。"⑤ 从这些对此在与真理的关系的梳理中，

---

① 马丁·海德格尔．面向思的事情 [A]．孙周兴，译．北京：商务印书馆，2014：40.
② 马丁·海德格尔．人道主义书信 [A]．熊伟，译．上海：上海三联书店，1996：372.
③ 马丁·海德格尔．人道主义书信 [A]．熊伟，译．上海：上海三联书店，1996：371.
④ 马丁·海德格尔．人道主义书信 [A]．熊伟，译．上海：上海三联书店，1996：373.
⑤ 马丁·海德格尔．人道主义书信 [A]．熊伟，译．上海：上海三联书店，1996：374.

海德格尔纠正了《存在与时间》容易产生的误解:《存在与时间》的第43节中所说的,"只有此在还在的时候,才有存在"并不是意味着"存在是人的产物",而是说"只有当存在的澄明(即存在本身的真理的本现)还出现的时候,存在才移转到人身上去"①。与之类似的还有在1956年为《艺术作品本源》写的附录,当说到"将真理置入作品"的时候,海德格尔已经将主语隐去,没有标明是"谁"或"什么"将真理置入作品。并且在此处,海德格尔承认自己在这里隐藏了此在与存在的关系,这个关系是从《存在与时间》开始就思考着并且始终困扰着他的问题。

在后期对"此在与真理的关系"的阐述中类似的叙述可以说不胜枚举。总而言之,伴随着对真理的本质的追问,此在逐渐成为"真理的本现"的参与者和守护者,而非自足的"筹划者"。此在的理解植根于一个在先敞开的意义场域,而对这个意义场域的追问打开了思考事物"如其本然地显现"的通道,这一通道指向了更源初的场域,如四重整体。人栖居并归属于这个场域因而与事物相切近,这一"切近"又将人与事物的关系带离了"操劳活动"的范围。

值得强调的是,随着此在与真理关系的转变,"真理"的"本质性遮蔽"这一维度出现在对真理的阐释中。这一维度的出现运行在克服主体主义的路径中,因"真理"有其"本质性的遮蔽"这一无法被此在全然开凿的部分,因而此在更加不可能作为"真理"的根据。并且,因真理的本质性遮蔽运行于所有存在者之中,所以事物也有其不可解蔽之处,事物的意义更多地基于事物被给予的场域,而非此在的投设。基于对真理的"本质性遮蔽"

---

① 马丁·海德格尔.人道主义书信[A].熊伟,译.上海:上海三联书店,1996:380.

的阐释，海德格尔不仅远离了《存在与时间》中以此在为中心的超越论，而且也超越了胡塞尔那里遮蔽维度的缺失。"遮蔽"带来的有限性反倒扩大了事物被理解的范围，正如"大地"作为一种对"世界"的限制更新并扩深着"世界"的意义。①

3. 此在与世界的关系

随着此在与存在和真理的关系变化，此在与世界的关系也被重新阐释。既然一个意义场域的在先敞开是可理解性的终极根源，那么《存在与时间》中的"世界"为什么不能被视为这一根源？为什么需要提出"敞开域"等概念来继续阐释在先敞开的意义场域？这要从《存在与时间》中此在与世界的关系来谈。《存在与时间》中的"世界"虽然也作为意义场域，但这一意义场域是以此在的时间性为根据敞开的。也就是说，此在的超越活动敞开了世界，世界作为超越之所向是此在的一个生存论性质，②是此在对自身筹划的结果。③这种超越论预设了此在与世界的区分，以及世界对此在的依附。

在这一基础上，《存在与时间》中的"世界"所代表的意义场域有所局限，局限于能够被阐释在此在的时间性之中的"世界"。从"林中空地"或"敞开域"作为一片在先敞开的郊野这一"比喻"来看，《存在与时间》中的"世界"是我们踏入郊野之后的操劳活动"点亮"的一块区域，具体而言，是由事物（用具）之间的指引关系构成的意蕴整体。而这一块"被点亮"的意

---

① 吴增定.《艺术作品的本源》与海德格尔的现象学革命 [J]. 文艺研究，2011，33（9）：16-24.

② 马丁·海德格尔. 论根据的本质 (1928) [A]. 孙周兴，译. 上海：上海三联书店，1996：141.

③ Jeff Malpas .The Twofold Character of Truth: Heidegger, Davidson, Tugendhat[C]. Essay from DIVINATIO, volume 34, autumn–winter 2011:p153.

蕴整体依赖于郊野的在先敞开，且只是"郊野"的局域。在这个视角之下，海德格尔似乎落入了他对胡塞尔的批判中，在胡塞尔那里，世界成为了意识的相关物，世界的自身显现成为了世界向着意识的显现。而在《存在与时间》中，世界似乎成为了此在的相关物，世界的自身显现成为此在对世界的解蔽。在《存在与时间》的上半部中，海德格尔通过对"在世界之中"的实际性生存进行分析超越了胡塞尔的先验还原，然而却在下半部中，通过将此在的自身筹划作为世界自身显现的条件向胡塞尔的困境回溯。

为了脱离这种困境，海德格尔重新阐释了此在与世界的关系，并重新阐释了"世界"。在《哲学献文》中，海德格尔就已经明确地强调世界的自身显现与世界向此在的显现不同。在之后的《艺术作品的本源》中，海德格尔直言"世界绝不是立身于我们面前能让我们打量的对象。只要诞生与死亡、祝福与惩罚不断地使我们进入存在，世界就始终是非对象性的东西，而我们人始终归属于它"。

但在《艺术作品的本源》中，"世界"的不可超越性与后期的进一步阐释相比似乎并不十分彻底。《艺术作品的本源》将世界与大地在争执中相对而立，大地作为"抗拒着此在的超越"的维度，而世界便相对而言带有一种"显明"之感，这种显明似乎对应着此在的超越。也就是说，与《存在与时间》相比，《艺术作品的本源》中的"世界"虽无法脱离"大地"这一遮蔽性的维度而独立存在，但"世界"本身似乎并不同时指代"能显现的"和"锁闭着的"，[①] 而是在与大地对仗的基础上代表着"显明"。因

[①] Michel Haar.The song of earth:Heidgger and the Grounds of the Histroy of the Being[M]. Trans.Reginald Lilly.Indiana University Press,1993: p58–59.

而在某种程度上，"世界与大地的争执"是对《存在与时间》中世界向此在显现与世界的自身显现这一张力的另一种描述，[①]其中世界依然指向着"世界向此在的显现"，而大地指向着"世界的自身显现"中的锁闭性与不可超越性。

直至对"四重整体"的阐释中，此在与世界关系上的转折才被表达得更加彻底。世界作为"四重整体的相互映射"不再是一个单质的公开场，[②]而是包含着天、地、人、神的统一体。从这一内部结构而言，世界作为四重整体的相互映射所敞开的敞开域才是第一位的，此在和其他存在者同时进入敞开域之中，[③]此在作为四重整体中的一维在世界之中读取了自身更贴切的位置，世界作为包含着"此在"的维度不可被此在所超越。不仅此在不能作为事物之显现的根据，四重整体中的任何一维（包括"天、地"这两个维度中蕴含的"自然"维度）都不能单独地作为事物之显现的根据，因为四个维度都是从它们所构成的整体而言才能够如此这般地呈现——只有当将人和神的维度被纳入思考之中，"自然"才称之为"自然"，同样也不可设想脱离了其他三个维度的"人"。[④]

从对四重整体的阐释中，"世界"被阐释为一个"让-在场"的圆环，四重整体的每一个维度都植根于整体，而整体又需要着每一个维度。在这种阐释中，《存在与时间》中的超越论中的层级关系（hierarchical dependence）让位于相互关系（mutual

---

① 吴增定.《艺术作品的本源》与海德格尔的现象学革命 [J]. 文艺研究，2011，33（9）：6-24.

② 陈嘉映.海德格尔哲学概论 [M]. 北京：商务印书馆，2014：257.

③ 陈嘉映.海德格尔哲学概论 [M]. 北京：商务印书馆，2014：170.

④ Jeff Malpas. Heidegger's Topology: Being, Place, World (A Bradford Book)[M]. The MIT Press,2007: p220.

dependence），相互关系中的"圆环特征"与解释学本质上的圆环特征相似[1]。在解释学的本质特征中存在着"整体"与"部分"之间的圆环：直接且率先地显现出来通常是各个部分，各个部分则植根于更大的结构和背景，而整体性的结构和背景却要从直接显现的现象入手才能够被探求。这种解释学的圆环特征在海德格尔后期的哲学中尤其有代表性，之所以具有这种圆环特征或许是因为海德格尔所追问的并非某种实体，而是一系列关系之间的结构（the structure of relatedness），而对关系之结构的探究中更重要的是各元素之间的相互作用，因而对"关系之结构"的阐释将试图在保留着各元素的多样性和本身性的同时将这些元素整合于一个统一的关系体中，而非意图单纯地建立各元素之间的区分并将其中某一项作为优先项提供出层次关系。[2]

正是在这种解释学的圆环特征中，世界超出了此在的局限。在后来的《关于人道主义的信》中，海德格尔将此在与世界的关系阐释得更加明确：世界作为"存在的敞开状态"，在此在对周围世界进行筹划之前，世界已经事先敞开。此在之所以能够处身于各个生存环围中展开具体的生存活动，植根于此在已经归属于世界这一"让 - 在场"的整体，而对这一"让 - 在场"的整体的阐释却是从对作为整体之局域的周围世界开始。从这一角度而言，从《存在与时间》到后期对世界的阐释也彰显了解释学的圆环特征：从局部而来进而思入整体，对整体的进一步阐释又依赖于再次向局部折返。在这种解释学的圆环中，此在的"在世界之中"

---

[1] Jeff Malpas .The Twofold Character of Truth: Heidegger, Davidson, Tugendhat[C]. Essay from DIVINATIO, volume 34, autumn−winter 2011:p148.

[2] Jeff Malpas .The Twofold Character of Truth: Heidegger, Davidson, Tugendhat[C]. Essay from DIVINATIO, volume 34, autumn−winter 2011:p149.

最终被阐释为站到存在的敞开状态中并被抛入本真的让 - 在场之圆环。

四、后期进路与对空间的阐释

以上对后期路径的阐述主要关于此在与存在、真理与世界的关系，在这些关系的变化中均发生着此在角色的变化、对以此在为中心的超越论的克服，以及向更源初、更无前提性的"存在之开敞区域"的回溯。在这一系列的转向之中，空间问题逐步地得到了丰厚与深化。

具体而言，从此在与世界的关系而言，由于对空间问题的讨论一向植根于作为意义场域的"世界"，所以"世界"范围的扩大带来了"空间"范围的扩大：从被此在所组建的操劳活动的空间到天地人神共同在场的本真空间。与此同时，《存在与时间》中缺失的自然维度以及空间的神圣性得到了补充。而且，从世界被阐释为四重整体共同构成的圆环来说，事物以四重整体为背景如其本然地显现，这使得对事物的阐释超出了此在的操劳活动所携带的"意图"，事物因而超出了"用具"这一功能性的维度。从如其本然的事物出发，事物与空间的关系也超出了"事物的位置被此在的生存论空间所组建"这一局限，在对空间的经验中事物不再是全然被动的，而是被思考为能够"敞开一处地带"的"位置"（ort），此在栖居于诸多作为"位置"的事物所敞开的空间中，进而从已经敞开的空间中读取自身的位置。而"此在从已经敞开的空间中读取自身的位置"这一空间问题上的转向同时也与此在与存在的关系相关：此在的投设植根于此在在先地被抛于存在的开敞所敞开的区域，从此在对存在所敞开的场域的归属而言，此在与空间的关系从组建者转变为栖居者与被抛者。

以上两个方面都与后期对真理问题的进一步探究直接地相关。无论是被阐释为让 - 在场的本真空间的四重整体（对海德格尔后期哲学而言的"世界"），还是此在归属于其中的"存在之开敞区域"，实际上都是以不同的方式对作为真理的本质的"敞开域"（das Offenne）进行表达。因而对真理问题的进一步阐释——或者说将"源初的真理"从"此在的解蔽活动"进一步阐释为"使此在能够展开解蔽活动的敞开域"——是空间问题之所以得到丰富与深化的根本原因，也正是在这一问题域下，海德格尔在《巴门尼德》篇中从"敞开域"出发将"真理的本质"与"处所的本质"置入关联之中：将作为"真理的本质"的敞开域阐释为所有事物真正意义上的"处所"；将"处所"阐释为给出了存在者的差异与关联的"极点"。① 同时，对"真理的本质性遮蔽"的追问引出了对"大地"这一概念的思考，"大地"作为不可开凿的、庇护性的基底不仅将以此在为中心的超越论克服得更加彻底，而且展开了事物之锁闭维度，以及与之相伴的空间之隐藏维度，并且克服了西方哲学中从柏拉图到胡塞尔以来对"纯然的开敞"的追寻，将一贯被视为假象和阴影的"模糊与混沌"带入追问的视野。

海德格尔曾在《时间与存在》中明确地表示《存在与时间》中将"空间性归结于时间性"是站不住脚的"，② 作为海德格尔几乎唯一一次的将自己的运思结果称为"站不住脚"，或许可以认为对这一"站不住脚"的修正始终运行在后期的转向中。③ 从这

---

① 海德格尔.巴门尼德 [M].朱清华，译.北京：商务印书馆，2018：133.
② 马丁·海德格尔.面向思的事情 [A].孙周兴，译.北京：商务印书馆，2014：35.
③ 休伯特·L.德雷福斯.在世：评海德格尔的《存在与时间》第一篇 [M].朱松峰，译.杭州：浙江大学出版社，2018：160.

个角度而言，或许关于空间的问题并非是一个在以上问题的推进中被顺带推进的问题，而是在对这些问题的考量中需要被有意识地恰当安放的问题。也或许是由于后期对诸如"敞开域""林中空地"等意义场域的追索，以及这些问题中蕴含的拓扑学意向，海德格尔才将后期的哲学称为"存在的地形学"（the place of being）。并通过"存在的地形学"探入使我们与事物源初相遇得以可能的"空间"。①

---

① 波尔特.存在的急迫：论海德格尔的《对哲学的献文》[M].张志和，译.上海：上海书店出版社，2009：65.

第二节　作为敞开域的源初空间

一、源初空间与栖居

我们暂且把海德格尔后期讨论的那种"空间"称为"源初空间"。事实上，海德格尔并没有这样命名过。之所以用"源初空间"这个词代指海德格尔后期讨论的那一类空间，是因为后期对空间的阐释总的来说与《存在与时间》中讨论的空间有所区别。区别在于，在两者都植根于"此在寓于世界之中"、与广延空间相对并以处所为优先的同时，《存在与时间》中对空间的讨论局限于操劳活动，并将空间阐释为用具的位置复合体。这使得《存在与时间》中讨论的空间总是围绕着个体此在的具体意图而展开，而有所意图地组建空间并不是我们经验着空间的源初方式。出于对这一局限的认识，海德格尔后期对空间的讨论始终带有这样的倾向：在不加任何限定条件、不套入任何理论框架的情况下，我们究竟是怎样经验着空间的，我们经验着的又是什么样的空间，或者说，空间是如何"径直地"被我们经验着的。在这层意义上，《存在与时间》与后期对空间的阐释出于两种不同的出发点：《存在与时间》对空间问题的讨论所寻求的首先并不是将空间尽可能地如其本然地阐释出来，而是要在此在的时间性中对空间赋予解释；后期对空间的讨论则更多地是将空间从时间性的此在的局限中重置回空间本身。因此,用"源初空间"这个词来代指后期对空间的阐释以示区别。这并不是说海德格尔后期将空间重新定义为固定的"某一种"且这一种空间类型叫作"源初空间"。事实上后期的空间问题是在对各种具体的问题(如存在的真理,物之物性、大地性、自然、敞开域、空间化等问题)的讨论中不断深化着形成了问题域,因而任何对空间的确切定义都不曾出现过。①

既然不能给源初空间下定义,那么就要看看在思考我们如何源初地经验空间的时候海德格尔都讨论了什么。海德格尔后期对空间的讨论几乎都以对"栖居"的讨论为引子。在《筑·居·思》中,海德格尔更是明确地表达"人和空间的关系无非是从根本上得到思考的栖居",② 因而对"栖居"的考察是思入源初空间的途径。

早在《存在与时间》中,海德格尔就已经将"在之中"解释为一种"栖居",③ 但在《存在与时间》中,"栖居"更多地是指"与事物相熟"意义上的"蕴于"事物,而"与事物相熟"的意思更多地倾向于从"与事物打交道"的角度而言自然而然地使用事物。在《筑·居·思》中,海德格尔把"栖居"规定为人的基本特征与人的存在方式,并将栖居的基本特征阐释为"保护"。

---

① 文献中也出现过用"本真空间"代指海德格尔后期阐论的空间这种情况,如王钰《身体的位置——海德格尔空间思想演进的存在论解析》。海德格尔后期对空间的阐释的确有"更加本真的空间"这层含义。但选用"源初空间"这个词,是因为《存在与时间》中"本真的"虽然有更源初的真理的含义,但更多地是指"本己的",具体来说就是向来属于个体此在的"本己"。而海德格尔后期对空间的讨论有把视角从个体此在的操劳活动带向处所本身和事物本身,来探求一个更源初更广阔的视野的倾向,所以选用"源初空间"。

② 马丁·海德格尔.筑·居·思(1951):海德格尔选集[A].孙周兴,译.上海:上海三联书店,1996:1200.

③ 马丁·海德格尔.存在与时间[M].陈嘉映,王庆节,译.北京:生活·读书·新知三联书店,2014:64.

"保护"指的不仅仅是对所栖留的周围世界的"爱护"和"保养"，而且是"事先保留某物的本质……特别地把某物隐回到它的本质之中"。① 也就是说，若人以"栖居"的方式经验空间，则事物将不仅作为为人的意图所支配的用具，而且能够在其本质中如其本然地显现。

对"栖居"的阐释不仅扩大了"空间"的范围，而且将对事物与空间的经验推至更源初的维度，这个维度与对"存在"的归属相连。从"栖居"而言，源初空间首先必然不是在现代科学中被讨论的那种均匀同质、无世界性的空间，而是指向各具意义的处所。同时，将"栖居"作为人的存在方式与基本机制重新回答了"人以何种方式生存"这个问题，对这一问题的回答将被此在的时间性遮没的源初处境性带回。从这个角度而言，"源初空间"指向的是"源初的处境性"，即那个我们被抛于其中，在其中与事物相融的"空间"或"场域"。此在对源初空间的栖居先于对事物的抛投并且是此在之所以能够筹划自身的前提。同时，对源初空间的"栖居"把对空间的阐释带向自然，带向天、地、神、人的四维，带向对存在与澄明的归属。

此在与源初空间的关系运行在对于此在与存在、真理和世界关系的重新思考中。人对其源初处境的"栖居"，对事物之本质的庇护和人对自然（physis）的归属，在某种意义上是对"存在的赠予事件"的泰然静候。② 在《关于人道主义的信》中，海德格尔更是将"栖居于大地之上"视为希腊人所说的"伦理"（ethos）

---

① 马丁·海德格尔.筑·居·思（1951）：海德格尔选集[A].孙周兴，译.上海：上海三联书店，1996：1192.

② 张旭.礼物[M].北京：北京大学出版社，2013：133.

的真正含义。① 在这一系列关于栖居与空间的思考中，人作为守护者、踏入者与被征用者，而非开凿者、支配者、征服者，以在其所思考的东西面前退后一步的方式，返回到存在的源初显现面前。②

二、空间的本质——空间化

1. 海德格尔对空间化的阐释

我们现已从"栖居"出发讨论了人与空间的关系，但这并不意味着我们知道了什么是空间，也不意味着我们知道了人栖居于什么。从"栖居"而言，我们或许已经知道了人所栖居于其中的"空间"指的不是无尽的广延，指的不是空洞的巨大容器，而是事物和人在其中得以展开意义并展开生存的"源初场域"，然而，无法确切地说出更多。海德格尔后期对空间的讨论虽然时常夹杂着对其他问题的阐释，但在晚期的两篇文章《艺术与空间》和《艺术·雕塑·空间》中似乎尝试着给出过明确的指引，在这两篇文章中海德格尔谈到了空间的本质，即那种运作着的使空间成为空间的东西。

海德格尔认为，空间的"本己之物"是"空间化"。也就是说，是"空间化"使空间如此这般地被经验着，或者说，空间是从"空间化"而来在其本己中被经验着。"空间化"意味着什么？它为何是空间的本己之物？在《艺术·雕塑·空间》中，海德格尔将空间化阐释为"开垦"和"开放"。空间化开垦和开放出什么？一个"自由域"或"敞开域"。海德格尔将"自由域"或"敞开域"称为人的栖居在其中得以展开的"自由（das Freie）和敞

---

① 马丁·海德格尔. 人道主义书信：海德格尔选集 [A]. 熊伟，译. 上海：上海三联书店，1996：398.

② 马丁·海德格尔. 巴门尼德 [M]. 朱清华，译. 北京：商务印书馆，2018：10.

开（das Offene）之境"。① 也就是说，空间化开放出人在其中得以安家和栖居的敞开域，空间因而获得其本质。

空间通过空间化成其本质，空间化是对人所栖居于其中的敞开域的开呈，但我们仍不知道空间化开呈出的敞开域到底是什么，或者说人所栖居于其中的敞开域到底是怎样的。目前为止，"敞开域"只是一个转移问题的代名词，用以代指在空间的本质中运作着的东西。

要说明"敞开域"是什么，就要从敞开域如何敞开说起。② 既然空间化是"开放出敞开域"这样一种运作，可见，"敞开域是如何敞开的"与"空间化是如何发生的"就是同一个问题。在对这个问题的回答中涉及空间与位置／处所（ort）之间的关系。

在对空间化的阐释中，海德格尔说到"敞开域"（das Offenne）是通过诸"位置"的开放与共同游戏而敞开。这里"位置"指的不是现成存在的地点（stelle），而是因某物的出现才产生了一个"位置"：如一座桥，一个雕塑作品，一座教堂的出现使一个位置产生。一个位置总是"开启某个地带（gegend）",③ 如

---

① 马丁·海德格尔. 艺术与空间 (1969)：海德格尔选集 [A]. 孙周兴，译. 上海：上海三联书店，1996：484.

② 敞开域（das Offene）是海德格尔后期的一个关键概念，主要与存在的真理联系起来被当作真理的本质。在与空间化有关的讨论中提到"敞开域"，主要是指海德格尔针对空间问题的文本（《艺术与空间》《艺术雕塑空间》《物》《筑·居·思》等）中出现的"敞开域"，即从空间而言被思考的敞开域。在澄清了从空间而言被思考的敞开域之后，会分析空间化与作为真理的本质的"敞开域"之间的关系，两者实际为同一个词（das Offenne），从存在的真理而言的"敞开域"，也是有拓扑学性质的，只不过在讨论空间问题的时候，对"敞开域"的阐释更加与具体的位置和地带相关，可以被看作是存在的真理之敞开域的空间性维度。从敞开域这个概念在真理问题和空间问题中的同时使用，更能看出空间的本质与真理的本质的强关联性。

③ 马丁·海德格尔. 艺术与空间 (1969)：海德格尔选集 [A]. 孙周兴，译. 上海：上海三联书店，1996：485.

一座教堂开启了教堂周围的一处地带，使这个地带中的事物围绕着教堂聚合，作为"教堂周围的"事物而相互归属。海德格尔认为，"位置"因而具有聚拢和容纳的作用，使周围之物聚集入其所属的地带。地带在德语中更古老的形式是"Gegnet"，意为"自由的辽阔"，从这个角度而言，位置开启的地带是让位置所聚集的事物在共属中现身在场的场域。

从以上对"敞开域"如何敞开的阐释来看，空间化指的是诸位置开放出诸地带，诸地带在相互映射中形成并保持着敞开域，因位置的开放而形成的敞开域就是"为栖居所备的地方（ortschaft）"。以这种让敞开域运作起来的方式，空间化"设置空间"①：事物被安置于其所属的地带，并因相互归属而有意义地在场，人栖留于敞开的地带中在场着的事物，一个因空间化而运转起来的地方容纳并安置着事物与人，"近和远""方向和边界""距离和大小"因而成为可能，空间因而成其为空间。

2. 海德格尔对"处所"的阐释

在以上讨论空间的本质（空间化）的过程中，已经遇到了"位置"和"敞开域"这两个概念。但以上对位置和敞开域的讨论因为针对着空间化，所以有局限性。海德格尔在《巴门尼德》篇中专门讨论过处所的本质与敞开域的本质。值得强调的是，《巴门尼德》篇中的"处所"与上文出现的"位置"其实是同一个德语词"ort"的不同翻译，朱清华在《巴门尼德》篇中翻译成"处所"，孙周兴在《筑·居·思》等文章中翻译成"位置"。以下《巴门尼德》篇中对"ort"的讨论按照朱清华的翻译，使用

---

① 马丁·海德格尔. 艺术与空间 (1969)：海德格尔选集 [A]. 孙周兴，译. 上海：上海三联书店，1996：484.

"处所"一词。《巴门尼德》篇中对处所的本质和敞开域的本质的讨论虽然不是直接地与空间相关的，但既然空间的本质作为空间化，空间化又是通过诸处所敞开地带，诸地带的相与游戏连成敞开域而发生，那么对空间的分析中处所和敞开域这两个概念就是不可略过的。[①]

处所是有边界的，由处所敞开的空间因而也有边界。由对"处所"的优先与侧重而来，海德格尔所讨论的空间从根本上与用数学表达的空间不同。在数学的表达中，诸处所是无差别的坐标点，海德格尔将被数学表达的空间称为"这个空间"，并认为在对"这个空间"的阐释中恰恰不包含真正意义上的空间、地带和场地。"这个空间"只是从如其本身的空间衍生出的数学抽象，这种抽象将空间表达为一个无尽且无差别的单数形式，在这个意义上，"这个空间"丧失了空间化的发生、切近与遥远，以及人与物在敞开域中的交融。在诸处所（诸位置）的敞开中发生的空间化，不是将无尽的"这个空间"全部空间化，而是将关联着诸处所的周围空间局部地空间化，或者说，由处所敞开的空间是这个处所所特有的一块空间。因此，海德格尔在形容空间的时候用了"诸空间"这个复数形式。由此可见，海德格尔是将空间视为在不同的处所中敞开的有着不同的意义、开敞和聚集的无数地带。以这种方式，海德格尔将现代科学的描述中丧失的差异性、多样性和丰富性归还给了空间。

那么，一个处所敞开的空间如何是特有的？这要看海德格尔如何看待处所的本质。处所并不因圈地划界而成为一个处所，

[①] Heidegger's Topology: Being, Place, World (A Bradford Book)[M]. The MIT Press, 2007: p253.

诸空间并不是简单地把"这个空间"分割就得以形成，仿佛把一整个地图任意地划分为若干部分那样。处所是在对意义的聚集中成为一个处所，处所的边界不是任意划分，而是被它所聚集的意义划分。

在《巴门尼德》篇中，海德格尔通过分析柏拉图对话中"城邦"的本质来分析处所的本质。海德格尔认为，希腊人所说的"城邦"与罗马人所说的"res pulica"以及"现代国家"不是一个意思。[①] 对于希腊人来说，城邦意味着希腊人在其中具有他们存在的那个地方，即其生活、文化、历史、政治敞开于其中的那个地方。在这个意义上，海德格尔将城邦视为"极点"，认为一切向着希腊人显现的存在者都围绕着这个极点转动，因而这个极点显示出存在者之间的关联状况，[②]让存在者总是在其关联整体中出现。也就是说，城邦作为一个极点让存在者整体以这样或那样的方式进入关联中的无蔽之域。[③] 城邦是一个处所，作为一个极点的城邦体现着处所的本质：每一个处所都是一个极点，它不制造处所中的存在者，而是为处所中的存在者提供一个"居留之区域"（ort-schaft），处所"源初地聚集着所有作为无蔽者向着人本现的东西的统一性……将自己派送给人，作为人在其存在中一直依赖的东西……将存在者的无蔽状态聚集于自身"[④]。处所作为各个"何处"，总是"总体地把持着这样一个范围，其中的事物共属一体地属于它，都在这个处所'上'"。在这个意义上，处所总体性地囊括着其中的事物，并将事物延展开形成区域（ortschaft），

① 马丁·海德格尔. 巴门尼德 [M]. 朱清华，译. 北京：商务印书馆，2018：131.
② 马丁·海德格尔. 巴门尼德 [M]. 朱清华，译. 北京：商务印书馆，2018：133.
③ 马丁·海德格尔. 巴门尼德 [M]. 朱清华，译. 北京：商务印书馆，2018：132.
④ 马丁·海德格尔. 巴门尼德 [M]. 朱清华，译. 北京：商务印书馆，2018：134.

区域使道路、通道和路径成为可能。正是在处所中，"人的本质被准许进入并嵌入那向他本现的东西"。

从上段对处所与城邦的本质的阐释来看，可以很明显地看出，海德格尔是将处所的本质建立在"Aletheia"的基础上，从"Aletheia"的角度理解处所的本质。因而，处所这个概念，作为使无蔽者入于无蔽状态的极点，作为人的居留之区域，是从作为无蔽的"Aletheia"中得到其本质。所以，无怪乎海德格尔在讨论空间化的时候说处所敞开的是敞开域，而敞开域同时又是存在的真理的本现之域。从城邦而言，城邦的真实存在并不在城墙之内的任何一个具体的地方，而在于作为极点和处所的城邦所敞开的关联整体；对于任意一个具体的处所而言，其中各事物的真实存在也不在各个事物自身之中，仿佛是事物自带的某个现成部分，是在它与周围事物展开的关联中；推而广之，"存在者的存在'真正而言'不内在于存在者的任何一个地方"①，而在关联中的事物敞开的环围中，而这个"环围"类似于一种意义氛围，它没有具体的处所，却是所有存在者真正的落脚点。在这个意义上，作为无蔽—遮蔽的真理所展开的敞开域，正是所有存在者"真正而言"的"topos"。也是在这个意义上，"空间自身不是某个空间性的东西"，而是"存在者的存在在其解蔽和遮蔽中占有一个地方的方式"②，恰当地被理解的空间因而是与存在的真理有着开端性关联的东西。而人的生存围绕着诸处所展开，人的整个生命历程即是穿越着被诸处所和有限的时间性所限定的范围。③

---

① 马丁·海德格尔. 巴门尼德 [M]. 朱清华，译. 北京：商务印书馆，2018：140.
② 马丁·海德格尔. 巴门尼德 [M]. 朱清华，译. 北京：商务印书馆，2018：141.
③ 马丁·海德格尔. 巴门尼德 [M]. 朱清华，译. 北京：商务印书馆，2018：142.

3. 海德格尔对敞开域的阐释

作为无蔽—遮蔽的真理所展开的敞开域，是所有存在者"真正而言"的 topos，空间的空间化伴随着敞开域的敞开。然而，即便希腊人以"Aletheia"的方式经验着世界并谈论着作为无蔽的"Aletheia"，以及在无蔽状态中显现的切近之物，却尚未谈及敞开域。

海德格尔在《巴门尼德》篇中关于敞开域谈到了"接近的法则"。"接近的法则"解释了为何敞开域作为万物的"topos"，却总是被人忽略。首先，敞开域并不是"现成的"敞开着的，仿佛先有一个现成的敞开地带，然后解蔽和遮蔽活动才在其中发生了一样。解蔽和遮蔽活动作为一种"敞开"自身带来了敞开域，因而解蔽和遮蔽活动的发生本身就是敞开域的敞开。[①] 然而，我们所关注的往往是被解蔽的具体事物，而不是使事物在其中得以解蔽的意义氛围（即敞开域）。在这个意义上敞开域类似于空气和光，我们透过它看向事物，而它本身却近似于无。敞开域是比切近之物更切近的东西。然而，如海德格尔所说"经验那最近的东西是最困难的，在行动和打交道中它恰恰预先并最容易地被忽略了。因为最近的同时也是最亲熟的，所以它不需要特别地获取。因为我们无需刻意地获取它，所以它一直是最少得到思考的。最近的东西因此显得就像无物，我们隔着'无物'看向'物'，'无物'被'物'的触目和紧迫驱逐出注意的范围"[②]。海德格尔将之称为"接近的法则"。

这条接近的法则同样适用于传统形而上学对空间的讨论。

---

① 马丁·海德格尔.巴门尼德 [M].朱清华，译.北京：商务印书馆，2018：179.
② 马丁·海德格尔.巴门尼德 [M].朱清华，译.北京：商务印书馆，2018：198.

传统形而上学注目的向来是事物，进而把事物视为对象，以对对象进行表象的方式，将空间抽象为框架。从处所的本质，与"Aletheia"相关的敞开域而言的空间化一直未被考虑，处所的本质与空间的本质不仅被常识避开，尤其被确定性的法则避开。然而，"避开"也还不至于达到完全锁闭的程度。毕竟最接近者作为预先给出的场域，总是伴随着在其中被显现的事物而本现，所以海德格尔还是通过讨论无蔽状态、讨论切近中的事物，讨论艺术作品等方式将其挖掘出片段。无论敞开域，还是空间的本质，从希腊人的诗歌与神话开始，就总是随着在近处的东西的显现而被经验与道说，尽管是以附带的、不直接的方式。①

通过对"接近的法则"的认识，海德格尔将"敞开域"阐释为作为无蔽的 Aletheia 的本质，②认为它就是希腊人在道说无蔽状态时经验着却没有直接地称呼的东西。虽然在讨论空间的本质时，海德格尔认为空间化在于诸处所敞开诸地带，诸地带的相与游戏保持了敞开域，但从敞开域这个重要的概念在海德格尔的整个哲学中来看，它作为"Aletheia"的本质与存在的本质首先并不是空间性的，而是时间和空间都在敞开域中袭有自己的敞开状态。③敞开域首先是作为"Aletheia"的"本质空间"而被理解的，虽然其中已有拓扑学的性质，但相比于本篇论文所谈的空间而言，它显然更加本质，其既不意味着空间，也不意味着时间，更不意

---

① 马丁·海德格尔.巴门尼德 [M]. 朱清华，译.北京：商务印书馆，2018：199.
② 马丁·海德格尔.巴门尼德 [M]. 朱清华，译.北京：商务印书馆，2018：215.
③ 希腊人将时间理解为处所意义上的点。他们认为每个存在者都有自己的"show time"，如这件事或那件事的发生有自己的"时间"，犹如每个存在者自有自身的处所。时间因而指定着存在者的显现与消失之间的"那时"，即存在者的显现在时间的洪流中的"处所"。在这个意义上，无论是存在者显现的时刻，还是作为处所的空间，从根本上都归属于存在所给出的敞开状态。

味着二者的结合，而是起着支配作用的，将时间与空间开启出来的自由之境。① 在其中"纯粹的空间和绽出的时间以及一切在时空中的在场者和不在场者，才具有了聚集一切和庇护一切的位置"。

4. 从"敞开域"而言，空间的本质与真理的本质之间的关系

在海德格尔看来，"敞开域"与空间的本质之间确有理不清的纠缠。在《巴门尼德》篇的末尾，海德格尔明言，在本质地思考"Aletheia"的过程中我们定会问到这样一个问题，即无蔽者和空间有着怎样的关系。② 假使我们尽量避开空间性，只谈"Aletheia"，将敞开域思考为"被解蔽者和无蔽者意义上的被照亮者"，敞开域也有着"一个空间"被敞开了且正敞开着这样的意涵，也就是说，指向了空间。这种意涵在敞开域的另一个名称"Lichtung"中表现得尤为明显。"Lichtung"在法文中有"林中空地"的意思，对这个词的选用显示出"真理的本质"有较强的空间意向。在《巴门尼德》篇中海德格尔接着问，我们究竟是应该从空间性的本质来思考无蔽者，还是从"空间性以及所有空间都建基于被更加开端性地经验的 Aletheia 的本质中"来思考。对此，海德格尔没有给出明确的回答，但从《巴门尼德》全篇来看他似乎选择了第二种方式。然而，在这个问题之后他明确地表达：无论怎样，敞开域总是指向着空间性的。也就是说，他肯定了关联，并且没有对第一种解释赋予明确的否定。而且从海德格尔以Aletheia 的角度阐释"处所"的本质，同时又将"敞开域"阐释为所有存在者真正而言的"topos"而言，他已经将真理的本质

---

① 马丁·海德格尔.巴门尼德 [M].朱清华，译.北京：商务印书馆，2018：218.
② 马丁·海德格尔.巴门尼德 [M].朱清华，译.北京：商务印书馆，2018：229.

与空间的本质之间的深层联系置于开放域之中。

或许对这个问题的思考正是海德格尔将晚期的哲学称为"存在的地形学"（Ortschaft des Seins）的原因，且在"存在的地形学"这个表述中，"ortschaft"这个用来表述在空间化中敞开的"地方"的词汇，显示出更具开端性的意涵和存在论意义上的重要性（ontological significance）。[①] 可以理解为在空间化中所敞开的那个将事物聚集和解蔽的"ortscahft"，就是从空间而言被阐释的"敞开域"，或者说作为真理的本质的"敞开域"的空间化。也是在这个意义上，关于空间的问题通过"聚集（gathering）"与"解蔽（disclosing）"这两个关键概念与"存在的赠予事件"（ereignis）相连。[②]

三、四重整体作为一种特殊的敞开域

在后期的几篇讨论空间的文章中，但凡提到位置 / 处所，必提到四重整体。四重整体看似一个学术性并不是很强的表达，实际上是海德格尔后期非常重要的一个概念，在《物》《筑·居·思》《人诗意地栖居》《语言》《黑贝尔——家之友》《荷尔德林的大地与天空》等文章中多处出现。当然，多处出现并不代表就一定重要，海德格尔将四重整体表达为由天、地、神、人的相互映射构成的圆环，很多人诟病这一表达过于诗意，但海德格尔的真正意图并不在于将哲学诗化，四重整体之所以是一个重要的概念，是因为海德格尔早期的一些问题以及中期尚未清晰的转折在四重整体的提出中能够得到消解。同时，四重整体也为敞开域与空间的

---

① Jeff Malpas. Heidegger's Topology: Being, Place, World (A Bradford Book)[M]. The MIT Press,2007: p33.

② Joseph P. Fell. Heidegger and Sartre—An Essay on Being and Place[M]. Columbia University Press (1979).

本质的难解关系提供了一个安放之处。

海德格尔将四重整体称为"自由域"。这种阐释直接地把四重整体与作为真理的本质的"敞开域"联系起来。在《真理的本质》中,"自由"被视为真理的本质,与《根据的本质》中"自由"被理解为此在的超越相比,《真理的本质》中作为真理的本质的"自由"被理解为"让存在者在敞开域中如其所是地那样敞开自身"。"如其所是地那样敞开自身"指的就是"let it be"的意思,即"让事物如其所是,随它去"。[①]这恰恰符合了海德格尔对四重整体的描述,即事物在四重整体的敞开中作为其自身而显现。由此可见,"四重整体"是对"敞开域"的一种具体阐释。

而且,之所以说四重整体是对"敞开域"的一种具体阐释,还因为在"四重整体"这一概念之下所指的并不是天、地、人、神的简单并列,而是它们的相互映射所构成的圆环或环化。说到圆环或环化似乎又显得过于诗意,但海德格尔之意并非在于诗意。"圆环"指的是四个维度的相互映射圈成的"开敞区域"(open distance)。[②]这个"开敞区域"(open distance)使得四维在相互区别中相互归属,而非混成一团地重叠在一起,因而,这个"开敞区域"(open distance)从根本上而言是一种使差别得以形成的"区间"。从这个角度而言,在"四重整体"这个概念中真正发挥作用的是在四维的相互映射中形成的"开敞区域",在其中事物得以有别、得以有关联,事物之显现因而才"过于丰富",进而言之,无论是作为"涌现与隐藏"的"physis",还是作为聚集的"logos",都源初地在这一"圆环"中发生。

---

① 陈嘉映.海德格尔哲学概论 [M]. 北京:商务印书馆,2014:168.

② Jeff Malpas. Heidegger's Topology: Being, Place, World (A Bradford Book)[M]. The MIT Press,2007: p254.

　　对"圆环"的这一解释几乎已经趋近于对空间化的解释：通过位置的开放，设置出一个让差异与关联得以发生的"场域"。同时，也趋近于对作为"Aletheia"的本质的敞开域的解释：在预先敞开的意义场域中，事物被带入显现。可以说，在对"四重整体"这个概念的阐释中，它究竟是对作为真理的本质的敞开域的一种具体阐释，还是作为一种对源初空间的例示，已经浑然难解。对"四重整体"的阐释将空间的本质与真理的本质交叠在一起，并在这种相互趋向中暗示出敞开域本身是具有空间意向的，[①]而空间本身需要在预先敞开的敞开域中建立自身的跨度。

---

① Jeff Malpas. Heidegger's Topology: Being, Place, World (A Bradford Book)[M]. The MIT Press,2007: p255.

第三节　事物的转向中的空间阐释

一、传统形而上学中作为对象的事物与对象性的空间

在前面的几章中已分析过笛卡尔对空间的阐释以及这种客观空间如何以确定性的真理为根源而展开。传统形而上学的认识论传统以获得确定且客观的知识为目标，在这一目标之下逐渐形成了"知识与意见、本质与现象的二分"。① 在对确定性的追求中，"有效性"成为划定真理的标准，并在对有效性的追求中逐渐走向了对"实用性"的追求。于是，事物成了对象，生活世界和自然世界失落于"空间"之外，留在"空间"这一词中的几乎仅剩下主体对真理与技术的追求中具有有效性的表象性内容。②

从形而上学将上帝作为最高的存在者、将世界和世界中的事物视为上帝的造物以来，万物的生成与存在就不再如在古希腊人那里那样基于事物自身的自然目的，而是基于作为最高存在者的上帝对事物的创造，③事物的"生命"处于被遮没的前奏之中。在近代科学革命对主体性哲学的继承中，对事物的对象化在数学语言的绝对优先性中将根扎得更深："物质实体"限于能够在时空

---

① 刘胜利.身体、空间与科学 [M].南京：江苏人民出版社，2014：271.
② 张旭.礼物 [M].北京：北京大学出版社，2013：129-130.
③ 张旭.礼物 [M].北京：北京大学出版社，2013：130.

中被测量的物体，而长度、宽度和深度被视为物质实体的本性，世界与自然被机械性地表达于技术的意志中，[①] 人对世界的源初感知淡出了分析的视野，与此同时，人自身也悬空于机械论的世界之上。康德虽然在对主体的先验认知形式的分析中，将对事物的认识兜转到主体，但康德所谈论的事物从一开始就不是在其事物性中环绕着我们的事物，而是作为理论知识的对象，主体对这一事物的认识依然与事物自身的周围世界相剥离。在这种对处境性的剥离中，事物之间的意义场域掩蔽不露，事物始终悬临于意义世界之外，空间依然由作为对象的"坐标点"构成并被表述为客观化、对象化。

传统认识论中，对事物与空间的讨论例证了事物与空间的关系：在将事物视为对象的同时，作为对象的事物在认识的视野中被单拎出来，并与作为认识者的主体相对而立，事物的周围场域则隐而不显，空间因而只能被设想为作为对象的事物散落于其中的坐标系。若事物并非作为能够被绝对确定的对象而呈现，则其周围世界便会作为使事物的意义得以可能的意义背景而被牵带出来，与之相应，空间便能够作为事物的"所处之境"植根于作为意义场域的周围世界。无论是海德格尔对生存论空间的探讨，还是梅洛 - 庞蒂对具身性空间的探讨，都是以对对象性思维的克服为前提。在对这一前提的克服中，事物与空间回到生存的现实性之中。

二、《存在与时间》中的事物与空间

前面谈到在对源初空间的阐释中海德格尔重新思考了"人的位置"，即此在与存在、与世界、与真理的关系。在对这些问题

---

① 陈嘉映 . 海德格尔哲学概论 [M]. 北京：商务印书馆，2014：224.

的思考中，包含着对此在与事物的关系的思考。因为人总是跨越着事物的人，所以人和事物总是一并给出的："事物来与我们相遇并又恰好保持自身，并且，这些事物把我们遣返回我们自身之后,遣返回那些对于我们来说显露于表面的东西之后。"① "什么是一个事物"这个问题因而与"人是谁"这个问题，可以说是同一个硬币的两面。不过，前提是对"什么是一个事物"的理解应当将事物"保持在其自身"中，即从事物本身的根源出发来理解事物。在此种情况下，才能更好地思及人与事物的关系。人与在其本源中的事物的关系，是从另一个角度上在说人与本真空间的关系，因为空间的根源在事物的本源之中。②

如何思及事物的本源？《存在与时间》中已经解构了那种将事物作为被表象的客体的思考方式，但《存在与时间》确是从事物的本源出来思考事物的吗？

虽然《存在与时间》回到了生存世界，但并不见得回到了"生存世界"就是回到了"源初的世界"，因为生活世界常常遮蔽源初性。《存在与时间》从生存世界中的可理解性的角度出发，将事物理解为在主客体二分之前就已经与我们相遇的东西，而事物是作为"上手"的人工制品或对人有用的自然质料与我们相遇。在《存在与时间》中，事物与我们相遇的顺序按照原始性来说，依此是上手用具、现成事物、物。③ 从用具出发自然是有其道理的，因为首先，用具确实是最先与我们相遇的。其次，按照海德格尔后期对事物进行的三种区分（自然物、用具、作品），

---

① 马丁·海德格尔.物的追问：康德关于先验原理的学说 [M].赵卫国，译.上海：上海译文出版社，2010：14.
② 张振华.精神修炼视角下的海德格尔后期哲学 [J].外国哲学，2018，35(2)：98-108.
③ 陈嘉映.海德格尔哲学概论 [M].北京：商务印书馆，2014：222.

用具兼具自然物和作品的特质（用具是用自然质料制作的，因此关联自然物；用具是被人制造的人工制品，因此关联作品），因此，对用具的分析是通达事物的有力途径。但这并不代表对用具进行分析能够囊括其他两种物的类型，更不代表对用具的追问可以替代对事物的追问，反倒是用具的一支独大蒙蔽了事物的其他存在方式。将事物预先地固定为"用具"，导致事物的自在依赖于先行展开的此在，而不属于事物本身。海德格尔认为，以往哲学一上来就把存在者规定为物，使其与前现象的基底失之交臂，[①]然而，一上来就把世内存在者规定为用具，并通过指引脉络把一切归结到此在身上，却是失之交臂的另一种方式，或者说，将一切归结到此在身上之所以是顺利的，且先在于预设了存在者是用具这一前提，然而，这一前提不符合事物之实情。[②]相应地，依附着这一前提，空间在一系列有用的工具的位置关系中被给出，空间因而是关于操劳活动的空间。

　　《存在与时间》中的事物与空间是以"为人所用"的方式给出的，这恰恰是生存世界遮蔽了源初性的一个恰当例子，也可被视为存在之为存在被"技术的形而上学"影响的例子。[③]相较于作为对象的事物和对象性的空间，《存在与时间》对事物与空间的阐释虽然已经更加源初，但尚未达到真正的源初。如果说胡塞尔哲学中包含着这样一个内在张力："现象学究竟是让事物自身显现，还是让事物相对于意识而显现"，[④]那么《存在与时间》对

---

① 马丁·海德格尔.存在与时间 [M].陈嘉映，王庆节，译.北京：生活·读书·新知三联书店，2014：67.

② 陈嘉映.海德格尔哲学概论 [M].北京：商务印书馆，2014：65.

③ 张旭.礼物 [M].北京：北京大学出版社，2013：133.

④ 吴增定.《艺术作品的本源》与海德格尔的现象学革命 [J].文艺研究，2011，33（9）：16-24.

事物的阐释中同样包含着一个类似的内在张力：现象学究竟是让事物自身显现，还是让事物向着此在的意图显现。在这一点上《存在与时间》与胡塞尔类似，在"回到事情本身"的路途中，为"事情本身"预设了前提。

三、后期对事物的讨论：事物的"每个性"（Jediesheit）

在《物的追问》中，海德格尔将对"事物"的思考范围扩大到用具之外，认为"所有被抓住的、所有可见的、所有被给予且置于手边的"东西。例如，"一块石头、一块木头，一把剪刀，一个时钟，一个苹果，一片面包皮""那些没有生命的和有生命的东西：玫瑰花、灌木丛、书、圣诞树、壁虎、马蜂……"，即"那些无关紧要或很少被考虑的"环绕着我们的事物都在需要被考量的范围之内。① 然而，当我们想要了解这些事物的时候，往往将其专门化为植物学、矿物学等各门学科。而实际上，当我们追问"什么是一个事物"的时候，我们所追问的并不是这些分门别类的专业知识，而是在此时此地与我们相切近的"这个"具体事物。②

让-弗朗索瓦在《事物与空间》中分析过海德格尔后期对事物的追问，是以事物的"每个性"为视角展开的。与事物的"每个性"相对的是事物的"一般性"，"一般性"地看待事物是典型的科学式视角。在"一般性"的视角中，每一块石头被纳入某一种类，进而每一块独一的石头消失在它的类别之中。在这种"一般性"的科学视角中事物没有独一性，科学因而跨越了事物的独

---

① 马丁·海德格尔.物的追问：康德关于先验原理的学说[M].赵卫国，译.上海：上海译文出版社，2010：4.

② 马丁·海德格尔.物的追问：康德关于先验原理的学说[M].赵卫国，译.上海：上海译文出版社，2010：14.

特性。与"一般性"的视角相反，海德格尔认为"没有一般的某物，而只有个别的诸物，并且每一个个别的物都是排它的这一个，每一个物都是这一个而不是另一个"。比如，"这块石头是完全确定的，就是这一块；这只蜥蜴也不是一般的蜥蜴，也恰恰是这一只"。①

为何只有从将"每个性"归还给事物的眼光，才能够探入事物本身，探入真正的事物性？或者说，传统形而上学对事物的探问为何没有触及海德格尔想要探究的内容？在《艺术作品的本源》中，海德格尔阐释并批判了传统形而上学探究事物的三种方式，在对这三种方式的阐释中，海德格尔在事物的"每个性"中所追寻的内容逐步体现出来。

首先，针对"将事物作为属性的支座"这个观点而言，海德格尔认为，"这一个"事物不仅仅是属性的集合体，各属性的加合并不能拼凑出被我们经验着的具体事物。以花岗岩为例，虽然我们可以把"坚硬、沉重、有长度、硕大、不规则、粗糙、有色、部分黯淡、部分光亮"②等属性或特征尽可能多地列举出来，但这种列举却不能说明运作于一个具体的事物中的，那种使之成为"这一个事物"而非任何一个事物的"事物性"，不能说明"这一个"事物的根本要素和自足特性，甚至也不能将物性的存在者与非物性的存在者的区别展示出来③。因为实际上，任何一种并不是"无"的存在者都可以用这种方式来说明，所以它无法把握到

---

① 马丁·海德格尔. 物的追问：康德关于先验原理的学说 [M]. 赵卫国，译. 上海：上海译文出版社，2010：15.

② 马丁·海德格尔. 艺术作品的本源 (1935/36)：海德格尔选集 [A]. 孙周兴，译. 上海：上海三联书店，1996：243.

③ 马丁·海德格尔. 艺术作品的本源 (1935/36)：海德格尔选集 [A]. 孙周兴，译. 上海：上海三联书店，1996：245.

"本质地现身的物"。^①或者说，以事物的属性描述事物之本质的方式并不是从物本身的结构出发的，而是一种从简单陈述句的结构，即主语和谓语的联结中归纳出的对物之结构的映像。^②

事物并不是靠属性的加合简单地拼凑而成。每一个属性也不是孤立的，它总是在"事物"这个统一体中与其他属性相协调，只有在作为一个统一体的事物中每一个属性才有意义，同时，每一个属性总已是对统一体的表现。正是各种属性的相互渗透构成了"这个"事物，用萨特的话说"事物被延展至它的各种属性中，而且它的'这一个'属性又被延展到其他每一个属性中"^③。关于这一点，萨特举了塞尚的画作为例子，认为在塞尚的画中，颜色和光等"要素"互相渗透于彼此之中，每一种要素中发生的变化都牵动着其他要素的表现，而这并非由于在诸种要素之中有什么"神秘的法则"，而是因为它们根本就是同一的，它们归属于同一个整体。属性之间的这种协调关系正是事物之事物性发挥作用的体现，而对属性的列举游荡在"事物"这个自足的统一体的表面，错失了关于事物的关键部分。而且，因为每一个属性总已是对事物这一统一体的表现，而不仅仅是与事物相分离的一个"特征"，所以在这个意义上，属性并无主要与次要之分，因为每一个属性都包含着整个事物。如对于一座雕像而言，颜色、硬度、轮廓、人物的表情等，每一个部分都在捕捉"不可见的东西"，这"不可见的东西"就是整个雕像试图留驻和表达的，对它的表达蕴藏

---

① 马丁·海德格尔.艺术作品的本源(1935/36)：海德格尔选集[A].孙周兴，译.上海：上海三联书店，1996：246.

② 马丁·海德格尔.艺术作品的本源(1935/36)：海德格尔选集[A].孙周兴，译.上海：上海三联书店，1996：244.

③ 让－弗朗索瓦·库尔蒂内，王睿琦，张生.事物与空间：现象学的新进路[J].同济大学学报，2019，30(3)：1-12.

于雕像的每一个"属性"。

针对第二种对事物的理解，即事物作为感官上被给予的多样性之统一体，笛卡尔和培根都以这种方式认识事物，并且进而把感觉的多样性区分为第一性质和第二性质，如物体的广延就是第一性质，色、香、味等则是第二性质。第一性质更加客观，似乎与感知主体无关；第二性质则更加主观，与感知主体有直接的联系。海德格尔认为，虽然这种解释看似将事物向着我们的感知带近，但实则在感知的多样性中使整体性的感知支离破碎。同时，它也属于对任何事物而言都"正确"的解释，因而它同样也会错失每一个现身在场的事物中闪烁的独特性。海德格尔继而论证道：

"我们从未首先并且根本地在物的显现中感觉到一种感觉的涌逼，例如乐音和噪音的涌逼——正如这种物之概念所断言的；不如说，我们听到狂风在烟囱上呼啸，我们听到三马达的飞机，我们听到与鹰牌汽车迥然不同的奔驰汽车。物本身要比所有感觉更切近于我们。我们在屋子里听到敲门，但我们从未听到听觉的感觉，或者哪怕是纯然的嘈杂声。为了听到一种纯然的嘈杂声，我们必须远离物来听，使我们的耳朵离开物，也即抽象地听。"①

在海德格尔的这段表述中，他所强调的是感觉的多样性对情境的归属。我们首先与事物在切近的情境中相遇，继而才能以认识论的方式认识事物。以感觉多样性阐释事物虽然看似已经将事

---

① 马丁·海德格尔. 艺术作品的本源 (1935/36)：海德格尔选集 [A]. 孙周兴，译. 上海：上海三联书店，1996：246.

物拉到不能更近，但因事物的情境被抽离、事物零散在感觉的多样性中，所以实际上事物离我们更远。海德格尔认为，在以上两种解释中，物之为物都消失不见了。①

第三种对事物的阐释，将物作为质料与形式的结合：物是具有形式的质料。这种阐释看似呈现出完整的物，但形式与内容也是一个可以将所有事物纳于其中的笼统概念，尤其是在艺术作品中，艺术家赋予了质料以形式，但说明了一件艺术作品的质料与形式并没有对一件艺术作品有什么实质性的阐释，也没有探入作品真正试图凝聚的东西。对于普通的物而言也是一样，说明了它的质料与形式并没有说明此物为何物。海德格尔认为，通过质料与形式来追问物是停留在表象和概念机制中。② 在海德格尔看来，柏拉图用"eidos"理解事物的方式，就是只能认识事物的外观而不能思入事物本身。③ 而且，海德格尔认为，将物作为具有形式的质料这种阐释方式，是从对"有用之物"的制造出发来描绘事物。对于器具而言，对使用性的需求在先地决定了一个器具需要具有怎样的质料和形式，因而将事物描绘为质料与形式的结合，基于人类最开始试图分析事物的时候将事物思考为"器具"，并将这种古老的探究思路延用到对一切事物的分析之上。而实际上"物"不只有器具这一种存在方式，甚至连器具也不总是仅仅被当作纯粹的有用之物，所以，这种预设必然偏离了当我们思考"物之本质"时所追问的东西。因此，第三种解释也被海德格尔

① 马丁·海德格尔. 艺术作品的本源 (1935/36)：海德格尔选集 [A]. 孙周兴，译. 上海：上海三联书店，1996：247.

② 马丁·海德格尔. 艺术作品的本源 (1935/36)：海德格尔选集 [A]. 孙周兴，译. 上海：上海三联书店，1996：246.

③ 马丁·海德格尔. 物 (1950)：海德格尔选集 [A]. 孙周兴，译. 上海：上海三联书店，1996：1168.

视为一种扰乱，在对这种"扰乱"的分析中，海德格尔已然跨越了在《存在与时间》中出现过的局限。

从海德格尔对以往形而上学阐释物的以上三种方式的批判中，可以更清晰地看到在后期对物的追问中，海德格尔拒斥的是哪些方式，追寻的又是哪种方式。简而言之，他所拒斥的是一种将所有事物无差别地囊入其中的概念框架，这种框架对所有物都适用却足以令所有物都消失；[1] 追寻的是一种不在概念框架之下，而是在我们与物的直接且源初的交融中，伴随着情境而呈现的现身出场。这个条件使得被考察的事物必然是以不用任何哲学理论的方式径直地被体验的"这一个"具体事物。

海德格尔后期"径直地"对某一个具体的事物展开分析的例子，可以说不胜枚举。如在《艺术作品的本源》中，紧接着对传统形而上学阐释事物的三种方式的批判，海德格尔通过对艺术作品中物性因素的分析来探究事物的事物性。作品作为"这一个作品"总是已经将自身置于独一性之中，并将作为作品的事物带入它的独一性。其次，与器具不同，作品的"自足性"在某种程度上隔断了作品与其他事物之间的指引关系，这种自足性使得艺术作品成为追问"事物本身"的适当入口，经由这一入口，同样适用于包括器具与自然物在内的所有事物的"事物性"得以被揭示。

"每个性"这一视角几乎出现在后期对事物的每一次分析中，如《艺术作品本源》中的神庙与农鞋、《物》中的壶、《筑·居·思》中的桥等。在对这些独一性事物的分析中，与事物共同展示着的是事物出现于其中的此时此地，或者说事物的"thereness"。从这个角度而言，海德格尔后期对事物的"每个性"

---

[1] 陈嘉映 . 海德格尔哲学概论 [M]. 北京：商务印书馆，2014：259.

的追问，同时也是对事物之处境性的追问，是进一步地将目光转向彼此有别的处所。彼此有别的处所，或者说事物之"那里"，就是事物的"本质空间"。之所以说它是事物的"本质空间"，是因为正是事物出现于其中的"此时此地"，使得这一个事物不是任何一个，使得任何两个相像的事物都不是同一个。换句话说，若脱离了这一"本质空间"，事物也将失去"每个性"。从这个角度而言，我们自身的处境性提供了使我们理解事物的"此时此地"的基础，在以前理论性的方式处身于世界之中这个基础之上，事物才经由我们自身的处境性向我们呈露自身。[1]

四、事物与切近性

《存在与时间》将"切近"阐释为事物之"最先上手"与"就绪"。[2] 在《物》中，海德格尔以对技术时代的反思为背景重新阐释了何为"切近"。海德格尔认为，在我们所处的技术时代中，"时间和空间中的一切距离都在缩小"。[3] 然而，距离的消除并没有带来真正意义上的"切近"，反倒在消除了"切近"的同时也消除了远之为远，因而耖平了一切距离。在"千篇一律的无距离状态"中一切都被搅在一起，恰恰是这种无距离状态"使一切存在者从它原先的本质中脱离出来"。[4]

那么，"切近"指的是什么呢？海德格尔再次否认了"切近"

[1] 波尔特.存在的急迫：论海德格尔的《对哲学的献文》[M].张志和，译.上海：上海书店出版社，2009：69.

[2] 马丁·海德格尔.存在与时间 [M].陈嘉映，王庆节，译.北京：生活·读书·新知三联书店，2014：125.

[3] 马丁·海德格尔.物 (1950)：海德格尔选集 [A].孙周兴，译.上海：上海三联书店，1996：1165.

[4] 马丁·海德格尔.物 (1950)：海德格尔选集 [A].孙周兴，译.上海：上海三联书店，1996：1166.

与"距离短"之间的关系。"小的距离并不就是切近,大的距离也还不是远"①,然而,说明了这一点也并没有概括出"切近"究竟是什么,因为蕴含在"切近"这一概念中的是对切近的体验,只能通过分析"在切近中存在的东西"②,才能将"切近"这种体验呈现出来,所以我们无法不借助于对事物的分析而径直地发现"切近"。在这个思路下,海德格尔将"物"设定为思考"切近"的中介,因为"物"就是那种"在切近中存在的东西"。

对物之"切近"的讨论为何与源初空间有关系?在技术时代中,空间之所以能够被视为广延、场所之所以能够被视为坐标点,是以每一个事物的"那里性"(thereness)都在计算中被量化为一个无差别的坐标点为前提的,在这一视角中事物"从它原先的本质中脱离出来"。③可以说,只有在忽略了事物的处境性的情况下,空间才能够被当作单质的容器,事物才能消融于类别之中。而当我们将事物视为与我们相"切近"的东西时,这一个事物才会从用具脉络中突显出来,在其本质中被思考,而不是在其功能性中被思考。从这个角度上来说,事物的"切近性"与事物的"每个性"是同源的,共同地源于事物出现的"处所"。"处所"使"切近"发生,同时,在"切近"的发生中,切近之物将其周围的空间向着我们带近,在带近的过程中揭示出人对处所的依存。在这个意义上,对物之"切近"的分析是对将一切敉平的空间观的克服:从平均化带向差别化,从数学的带向生存的,从实用性

---

① 马丁·海德格尔.物(1950):海德格尔选集 [A].孙周兴,译.上海:上海三联书店,1996:1166.

② 马丁·海德格尔.物(1950):海德格尔选集 [A].孙周兴,译.上海:上海三联书店,1996:1167.

③ 马丁·海德格尔.物(1950):海德格尔选集 [A].孙周兴,译.上海:上海三联书店,1996:1166.

的带向自然的。①

以壶为例，海德格尔阐述了一个事物如何是"切近"的，以及切近之物的近化如何敞开了源初空间。传统形而上学往往将物把握为被表象的对象，即便不将物视为被表象的对象，而是将其视为一个通过置造而"被带向一种站立"②的自立之物，因而也不免将其当作纯粹的"被置造的对象"。海德格尔认为，这种思考依然是从外观出发以表象的方式思考在场者，不仅没有思及事物自身的本质，即一个事物（如壶之为壶）所特有的东西，③同时也将事物孤立于其所处的空间。

在海德格尔看来，如果要从事物自身的本质出发思考壶这一物，则应该将壶思考为通过其容纳作用倾倒出"馈赠"的东西。壶的这一本质并不是通过被置造才获得的，而是为了获得具有这一本质的东西，壶这种器皿及其中间的虚空才被置造出来。壶之壶性因而延展于它倾倒出的赠品中。然而，从科学的眼光来看，壶所倾倒出的无论是酒还是水，都是"纯粹的液体"，海德格尔认为，正是这一思路将壶这一物的物性因素抹消掉了并代之以纯粹的功用性。消失在科学视角中的不仅是壶之为壶，还有由壶的倾倒带来的"切近"：作为赠品的水将山泉、流经的岩石和天空的雨露带近，④作为赠品的酒将大地、果实和滋养它们的阳光带

---

① Jeff Malpas. Heidegger's Topology: Being, Place, World (A Bradford Book)[M]. The MIT Press,2007: p228.
② 马丁·海德格尔. 物 (1950)：海德格尔选集 [A]. 孙周兴，译. 上海：上海三联书店，1996：1167.
③ 马丁·海德格尔. 物 (1950)：海德格尔选集 [A]. 孙周兴，译. 上海：上海三联书店，1996：1168.
④ 马丁·海德格尔. 物 (1950)：海德格尔选集 [A]. 孙周兴，译. 上海：上海三联书店，1996：1172.

近，^①终有一死的人作为赠品的使用者、诸神作为祭酒的承接者也被壶倾注的赠品带近。也就是说，在壶的倾注中来向切近的正是四重整体的四个维度，在壶之"切近"中，四重整体逗留且聚集于壶的倾注。^②

从壶的例子来看，物的本质通过"物之物化"才被揭示出来。而"物之物化"意味着既不把物当作依赖于主体之表象的对象，也不把物当作脱离处境性的自在之物，同时也不把物当作因操劳的意图才有意义的功能性用具。那么，"物之物化"究竟意味着什么？意味着超越《存在与时间》的视角把事物放置在更源初的处境之中，意味着事物将四重整体拢集于自身，使本来相远的四维在保持着远之为远的同时相互趋近。^③海德格尔将这一不消抹"远"的"带近"称为事物对四重整体的"近化"，并将"近化"作为切近之本质。

那么，随着事物之切近来相切近的是什么？或者说，当我们把事物体验为一个"切近之物"时，我们与什么相切近了？在"切近"中来相切近的，当然首先是脱离了功能性视角的"这一个"事物。然而，更重要的切近者是作为一个敞开域的四重整体，或者更确切地说，是《存在与时间》中缺失的天高地阔的"自然"，是对此在对空间的组建无法捕捉到的神圣性，以及人作为四重整体中的一维对这一圆环的依寓。或者说，在事物的切近中来相切近的是对世界之为世界的源初经验。在这种源初经验中，

---

① 马丁·海德格尔. 物 (1950)：海德格尔选集 [A]. 孙周兴，译. 上海：上海三联书店，1996：1173.

② 马丁·海德格尔. 物 (1950)：海德格尔选集 [A]. 孙周兴，译. 上海：上海三联书店，1996：1174.

③ 马丁·海德格尔. 物 (1950)：海德格尔选集 [A]. 孙周兴，译. 上海：上海三联书店，1996：1178.

世界被重新阐释为"天、地、神、人之纯一性的居有着的映射游戏"，①世界之世界化被思考为既不能被此在超越，也不能通过任何一个它者来说明与论证的源初场域，任何说明与论证都将落到世界的本质之下。②也是从对世界的重新阐释而来，事物本身之中出现了不能被人超越的维度。在对这些维度的思考中，人被事物召唤，③并在对物之召唤的应合中与天、地、神相切近。置身于这种切近之中就是置身于对源初空间的经验，置身于此时此地的处身于此。同时，也是从事物的切近性，切近之物对人的召唤这些角度出发，事物才得以作为一个位置敞开一处空间，而不是完全地被此在组建于空间之中。海德格尔将运行在这一系列"转变"中的思考称为"返回步伐"。在返回步伐中，"人是何种存在者""物之物性应该如何理解""空间是如何被经验的"这三个问题，在相互关联中逐渐清晰：终有一死者栖居于大地之上、天空之下、诸神之侧，并被物及其敞开的空间召唤。

五、事物作为一个位置 / 处所对空间的敞开

在《存在与时间》中，事物被此在的解蔽活动敞开，空间被此在对事物之解蔽组建。在后期，从对存在的真理的深入思考中，此在与其他存在者之间的关系发生了转变，从"事物的每个性""作为其本质的物在物之切近中召唤此在""物之物化中四重整体的栖留"等方面可以看出，海德格尔后期对物的重新追问更多是从物本身出发追问存在的真理的本现、从物本身出发理解世

---

① 马丁·海德格尔.物(1950)：海德格尔选集[A].孙周兴，译.上海：上海三联书店，1996：1180.

② 马丁·海德格尔.物(1950)：海德格尔选集[A].孙周兴，译.上海：上海三联书店，1996：1181.

③ 马丁·海德格尔.物(1950)：海德格尔选集[A].孙周兴，译.上海：上海三联书店，1996：1182.

界的本质。在这个问题域之下，海德格尔在后期的多处文本中直接地讨论了事物与存在之真理的本现之域的关系，物与空间的关系在这个过程中得到了更深入的思考。

对物与空间的关系的第一次比较明显的探讨，出现在 1936 年的《艺术作品的本源》中神庙对周围世界的敞开：神庙的伫立将周围的道路嵌合为一个以神庙为中心的统一体。因神庙的伫立，这些道路才不是任意散落的，而是围绕在神庙身旁，它们各自与神庙关联着并因而互相关联；神庙屹立在风暴中，屹立在海天一侧，更使人感到风暴的强力，海潮的汹涌，日光的垂照，黑夜的吞噬……神庙将周围的空间拢为一体，并将周围的风物聚拢于相映之中。在这一处被神庙敞开的空间中，事物以不同的方式转向我们，不可见的一面成为可睹的，以此，神庙的伫立赋予了神庙所敞开的空间"显明的形象"。[①] 用海德格尔的话说就是，作为作品的神庙为广袤"设置空间"[②]——"开放敞开领域之自由并且在其结构中设置这种自由"。在这个意义上，事物"为……设置空间"同时也是"张开了世界之敞开领域"[③]，这里再一次印证了空间与世界的本质关联，不过，"世界"是基于"世界之世界化"的角度上被思考为将事物归还于其本质的敞开域，人归属于它而非组建了它。

不仅作为一物的神庙敞开了周围的空间，并使得周围的事物

[①] 马丁·海德格尔.艺术作品的本源 (1935/36)：海德格尔选集 [A].孙周兴，译.上海：上海三联书店，1996：262.

[②] 马丁·海德格尔.艺术作品的本源 (1935/36)：海德格尔选集 [A].孙周兴，译.上海：上海三联书店，1996：265.

[③] 马丁·海德格尔.艺术作品的本源 (1935/36)：海德格尔选集 [A].孙周兴，译.上海：上海三联书店，1996：266.

"显示为它们所是的东西"，神庙本身也只有在这一"本质空间"①
中，才能是其所是地呈现自身。神庙携带着它曾经出现于其中的
那个消逝了的世界，当我们探访神庙的时候，同时也探访着我们
所在的当下与逝去时代的联结。这联结只能发生于此处，发生于
逝去世界中的事物曾经出现的位置，脱离了这一位置，神庙便成
了复刻的摆件。这一位置也联结着神庙继续伫立而我们终将消逝
的未来。在这个意义上，神庙所伫立的这一位置因神庙的伫立驻
留了流逝的时间中永恒的处所。② 这一处所就是神庙的本质空间，
只有以这个本质空间为背景，神庙的存在才有每个时代的人们所
理解的意义，也只有以这个本质空间为背景，我们所探访的才能
够是已然消逝的世界，而不是石块的堆砌。

　　神庙的例子阐释出作为"这一个"事物的神庙对周围空间的
展开，以及事物的意义与空间的本质关联，在神庙这一事物开辟
的敞开域中，存在者整体变得不同寻常。但物对空间的敞开尚不
是《艺术作品的本源》所关注的根本问题，神庙也并不是日常生
活中普通的一物。在《筑·居·思》中，海德格尔更加直接地分
析了物本身作为一个位置对空间的敞开，并选取了日常事物作为
例子，从更一般的角度切入物与空间的关系。

　　横越河岸的桥为周围世界提供了一个得以显现的场所：使河
岸作为相互贯通的河岸而出现，将河岸周围延伸的风景带向河流。
桥并非仅仅工具性地接连河流、河岸和周围的陆地，而是将它们
带入相互邻近的关系中聚集为一个整体。以桥所带近的周围世界
为背景，桥伴送终有一死者的穿行。

---

① 马丁·海德格尔.艺术作品的本源 (1935/36)：海德格尔选集 [A].孙周兴，译.上海：
　上海三联书店，1996：261.
② Julian Young.Heidegger's Philosophy of Art[J].Cambridge University Press,2001：19~24.

以这种方式，桥为四重整体提供了一个场所 (Stätte)，并为这一场所设置空间。之所以能够"为一个场所设置空间"①，首先是因为桥作为一个位置敞开了一个场所。在这里，海德格尔分析了位置和地点的区别：地点指的是在桥出现之前河岸周围已经现成存在着的能够被任何事物占据的"坐标点"（position）；位置指的则是通过桥的出现，一个地点才能成为一个位置。位置具有敞开性，而地点则否。因此，并非已经有了一个现存的位置，继而桥被置放到那个现成的位置之上，而是因桥的出现，一个具有敞开性的位置才出现。这个位置为四重整体的出现敞开了场所。在四重整体已经被敞开的场所中，周围的事物在相互映射中是其所是，"一个空间由之而得以被设置起来的那些场地和道路得到了规定"②。

从作为位置的物"提供出空间"③这一点来看，海德格尔意义上的"空间"不是恒久现存的，而是被位置所设置的东西。④位置将空间"释放到一个边界"。"边界"，在这里是从希腊文 (χώρα) 的意义上而言，意味着在作为位置的物对空间的"接合"与"聚集"中，空间才开始其本质。⑤如此这般的空间必然不是无边无境的，而是在位置周围敞开，因而是被划定了边界的空间。划定边界对空间来说并不意味着消极意义上的有限和终止，而恰恰是某物开始拥有其本质，因而得以作为与他物不同的一物开始显现。这并不是说被位置设置的空间会有一个数字上明确的"边

---

① 马丁·海德格尔.筑·居·思（1951）：海德格尔选集 [A].孙周兴，译.上海：上海三联书店，1996：1197.
② 同上。
③ 同上。
④ 同上。
⑤ 同上。

界",而是说空间归属于桥及其周围的事物,以桥敞开的意义边界为界限塑造与生成。

从这个角度而言,海德格尔对空间的阐释显然更接近于亚里士多德而非现代科学:处所并不是脱离了事物的"地点",空间也并不是一个包纳着所有位置和场所的庞然大物,而是归属于诸位置、被诸位置分割成局域并向着作为开敞中心的位置而拢集。在诸位置对周围空间的拢集中,处所中的其他事物以作为位置的事物为中心一同得到揭示,"在这个已经呈明的存在者的光线中呈现自己各个不同的面目"。①

值得强调的是,海德格尔恰是用"ort"及其变式"ortschaft"来翻译亚里士多德的"topos",且在对"ort"的词源分析中,海德格尔认为,"ort"有武器的尖端或边缘的意思,比如长矛的尖端,即武器的所有力量集中于其上的点或面②。从这个词源学角度上来说,"ort"既有"通过聚集而使其发挥效用"的意思,也有亚里士多德意义上的"边界"的意思。而这种对"ort"的解释,与海德格尔在《巴门尼德》篇中将希腊人所说的"topos"阐释为使事物相属的"聚集着的囊括"非常类似。可以推论,海德格尔几乎就是在他所理解的亚里士多德的"topos"的意义上来阐释"ort"的,或者说从自己对"ort"的阐释出发去理解亚里士多德的"topos"。

从对"ort"和"topos"的阐释中可见,海德格尔在空间问题上对亚里士多德的回溯。同时,从对"ort"和"topos"的阐释而言,人与空间的关系就是从本质上被思考的人与位置 / 处所

---

① 陈嘉映 . 海德格尔哲学概论 [M]. 北京:商务印书馆,2014:239.

② Jeff Malpas. Heidegger's Topology: Being, Place, World (A Bradford Book)[M]. The MIT Press,2007: p29.

的关系：人穿行、逗留、并归属于一个个让周围事物得以运转的区域，这些区域被作为位置的事物敞开，穿行于空间的人总是已经经受并逗留于作为位置的事物，事物因而从不与人相对而立，空间亦然。①

　　如果为空间的本质（空间化）加一个主语，那么这个主语将是作为位置的事物。我们在"空间"名下经验着的那种"难以把捉"的东西，正是空间化的结果。而我们将这一系列的结果纳入"空间"的名下，并惯于将其当作一个实存的东西进行表象，因而与空间的本质失之交臂。失之交臂的根本原因在于：我们对空间的经验实际上是对空间化的经验，而空间化本不是一个实存物，它是一系列过程。"空间"这一名称倒是对这一系列过程的指代。也正是这个原因，在探究"空间"的时候，海德格尔总是谈及事物，谈及在事物中栖留的四重整体，谈及造型艺术中驻留的虚空，谈及大地与自然。但这并不是说空间的空间化不需要人，正如存在的真理的本现需要人一样，空间的本现也需要人。当人"承认这一自由给出者并且令自身进入这一自由给出者"时，人看护着作为空间的空间。在人的看护中，空间的本己因素才能被恰当地理解，从遮蔽走向无蔽。

---

① 马丁·海德格尔.筑·居·思（1951）：海德格尔选集[A].孙周兴，译.上海：上海三联书店，1996：1200.

第四节　真理的遮蔽维度对空间阐释的扩充

一、海德格尔对真理问题的阐释进路

前面对空间问题与真理问题的讨论围绕着作为解蔽的真理。海德格尔后期将存在的真理视为遮蔽与解蔽的二重运作，其中，遮蔽是更加根本的。这一节主要讨论真理的遮蔽一面以及与真理的遮蔽性相关的空间问题。

在集中讨论海德格尔后期对真理中的"本质性的遮蔽"的阐释之前，先笼统地概括一下海德格尔对真理问题的阐释进路。海德格尔对真理的阐释并不存在严格意义上的颠覆性转向，更多的是延续性的修正和扩充，或者说在不同的阶段各有侧重。总的来说，不变的根本是对符合论真理的批判，[①] 以及对源始的生存境域的回溯。[②]

在《存在与时间》中，海德格尔批判符合论真理并从"被揭示状态"的角度上，将真理视为一种解蔽（去除遮蔽、无蔽）。其时，解蔽已经站在了与遮蔽的本质关联中，"筹划"（projection）代表着解蔽的一面，"被抛"（throwness）代表着遮蔽的一面。但

[①] 朱清华 . 海德格尔的遮蔽和真理 [J]. 世界哲学，2017，62（1）106–111.

[②] 孙周兴 . aletheia 与现象学的思想经验 [J]. 现代哲学，2012，28（1）45–52.

在《存在与时间》中，对真理问题而言，解蔽优先于遮蔽，筹划优先于被抛。基于这一阐释，此在这种能够进行筹划的特殊存在者有着关键的角色，此在的"在—世界—中—存在"本身就是一系列的"去除遮蔽"[①]，此在之筹划近乎于解蔽之根据，世界及其他存在者作为被揭示者通过此在这一揭示者而有意义。此在的展开状态是原始的真理现象，关于存在者的真理（存在者的被揭示）在第二位的意义上才是"真"的，存在者的真理因而植根于此在对事物的抛投，此在的筹划与事物之解蔽之间有着层级上的因果关系。与之相比，遮蔽则更多地与沉沦关联在一起，可以被笼统地理解为一种遮盖，是此在需要通过本真的决断来跨越的东西。也就是说，《存在与时间》中遮蔽尚未站在对解蔽而言具有积极性的角色上，本质性的遮蔽尚未成为主题。[②]

直到《论真理的本质》，可以说海德格尔都是从此在的超越论这一角度对真理进行追问，[③]从 20 世纪 30 年代开始（1930 年《真理的本质》，1931 年《柏拉图的真理学说》，1936 年《艺术作品的本源》），对真理的讨论出现了转向。转向有以下两个方面：其一，对真理的阐释不再专注于对此在的基础存在论解释，而是更多地与存在本身联系起来，将存在的真理视为存在的本现。在这个过程中此在的角色弱化了，从作为解蔽之根据到作为真理的保存者和守护者被存在的真理征用。其二，对存在的真理的阐释更多地表现为"遮蔽—无蔽的二重运作"这种表达，而不是前期

[①] 朱清华 . 海德格尔的 aletheia[J]. 外国哲学，2012，6(23)：155–172.

[②] Jeff Malpas. Heidegger's Topology: Being, Place, World (A Bradford Book)[M]. The MIT Press,2007: p188–189.

[③] Jeff Malpas. Heidegger's Topology: Being, Place, World (A Bradford Book)[M]. The MIT Press,2007: p188.

的揭示与被揭示，这一转变将真理阐释的重点越来越多地放在本质性的遮蔽上面，本质性的遮蔽作为"无蔽之不动心脏"① 成为"Aletheia"更根本的组成部分，或者说，本质性的遮蔽成了无蔽之所以能够发生的必要条件。

二、后期海德格尔对"本质性的遮蔽"的阐释

关于真理问题的第一条转向在这一章的前几个小节已经提到过了，与这一节相关的是转向其二，即存在的真理的本现中运作着的本质性遮蔽以及与之相关的空间问题。

存在的真理的本现中运作着的"本质性的遮蔽"指什么？它为什么能说是无蔽之心脏？在关于"空间的本质与敞开域"的讨论中提到过"Lichtung"。"Lichtung"是令事物自由和敞开的空旷之地，② 是"一切在场者和不在场者的敞开之境"③。在这个意义上，"Lichtung"就是"Aletheia"。从与"Lichtung"的关联来看，"Aletheia"有动词和名词两层含义：首先从动词的角度上被理解为"敞开"，继而从名词的角度上被理解为"敞开的状态、敞开之境"。但后期海德格尔认为，存在的真理的本现不只是由"Lichtung"构成的，而是由"Lichtung"和"Verbergung"（遮蔽）共同构成的。如何共同构成的呢？在海德格尔看来，存在首先是拒绝、退隐和自我遮蔽着的，而"Lichtung"使得光亮照进自我遮蔽着的密林，敞开了一块敞开之境，继而我们才谈及事物的在场与解蔽。从这一阐释来看，若只谈"Lichtung"，则是只论及了存在的真理的一部分。而未谈及的遮蔽部分，对于真理的本

---

① 巴门尼德. 巴门尼德著作残篇 [M]. 李静滢，译. 桂林：广西师范大学出版社，2011.
② 朱清华. 海德格尔的 aletheia[J]. 外国哲学，2012，6(23)：155-172.
③ 马丁·海德格尔. 哲学的终结和思的任务 (1964)：海德格尔选集 [A]. 孙周兴，译. 上海：上海三联书店，1996：1252.

现来说是更加根本的，因为必须先有遮蔽才能有对遮蔽的敞开与解蔽，作为解蔽的"Aletheia"因而总是回指着遮蔽状态，遮蔽状态以这种方式支配着真理的本质。① 在这个意义上，存在的本质性遮蔽并不是消极的"掩盖"或"粉饰"，也不是知识残缺的结果，② 而是作为庇护的保藏和保管，在存在的自我遮蔽中庇护和保藏了使澄明之境（Lichtung）得以敞开的东西，因而无蔽才能从遮蔽中发生并争得一片澄明。同时，无蔽也使得存在并未完全地消隐，使遮蔽并未完全锁闭，无蔽不是对遮蔽的纯粹排除③，而是将遮蔽所保藏的部分带入显现。在这个意义上，作为"遮蔽与解蔽的二重运作"的"真理"从本质上而言是"照亮着的庇护"，或者说，是照亮与庇护的原始争执。④ 澄明作为澄明，是将自我遮蔽着的庇护带入澄明，而不是"在场性的单纯澄明"⑤。

在遮蔽与无蔽的二重运作中体现着在海德格尔后期的思路中广泛出现的相互关系（mutual dependence）。与《存在与时间》中的层级关系不同，层级关系是一种从 b 出于 a，而 a 并不依赖于 b，b 是 a 的具体表现，如空间性归结于时间性。相互关系则体现着多个维度相互依存、互为条件、在差异中共属的倾向，如真理的解蔽维度虽然依赖于对遮蔽的解蔽，然而，若没有解蔽的发生遮蔽也无从被考究。类似的结构很明显地出现在对四重整体的讨论中：天、地、人、神四个维度共同构成了"世界"这一统

① 马丁·海德格尔.巴门尼德 [M].朱清华，译.北京：商务印书馆，2018：19.
② 陈嘉映.海德格尔哲学概论 [M].北京：商务印书馆，2014：174.
③ 马丁·海德格尔.巴门尼德 [M].朱清华，译.北京：商务印书馆，2018：182.
④ John D. Caputo.Demythologizing Heidegger: Aletheia and the history of Being[J].The Review of Metaphysics, Vol.41; No.3(Mar.,1988),p528.
⑤ 马丁·海德格尔.哲学的终结和思的任务 (1964)：海德格尔选集 [A].孙周兴，译.上海：上海三联书店，1996：1257.

一体，说到其中一维，其他三维就已经被带入显现。

相互关系的结构，从某种角度而言是对先验论的克服。然而，在对真理的遮蔽性维度的强调中，克服着先验论的不只是相互关系这一结构，还有从遮蔽本身而言的对"超越"的克服。无论是存在的遮蔽本身还是被遮蔽庇护的"事物之自持"，都是此在的超越无法全然解蔽的部分。此在的操心结构关涉的是解蔽中的世界，而遮蔽是一种对操心的拒绝，[①] 因而对遮蔽的思考是对以此在为中心的超越论的一种限制，在这个意义上海德格尔不仅逃离了《存在与时间》中的困境，同时更加有效地逃离了任何意义上的主体形而上学。也是从对遮蔽的思考而言，海德格尔更加深刻地探入"存在的赠予事件"（ereignis），存在的赠予事件被遮蔽（Verergung）与澄明（Lichtung）共同构成，因其遮蔽的维度，存在的赠予总是有所隐藏，亦如启示之为启示，总是显现着赠予与隐藏之间的张力。[②]

同时，通过对真理的遮蔽维度的强调，海德格尔超越了西方哲学中从柏拉图到胡塞尔一直追寻的"纯粹的开敞"。从柏拉图到胡塞尔，哲学追问事物的在场与对在场之物的通达，与此同时将尚未完全通达的当作假象、阴影或意见。《存在与时间》中解蔽之于遮蔽的优先性，在某种程度上也建立于这一立场之上。[③] 在《存在与时间》中，海德格尔认为并没有隐藏在存在之后的事

---

① 马丁·海德格尔.巴门尼德[M].朱清华，译.北京：商务印书馆，2018：176.

② J.Glenn Gray.Heidegger's Course: From Human Existence to Nature[J].Journal of Philosophy, vol.54,No.8(apri.11,1957):p.202.

③ 虽然在《存在与时间》中，海德格尔认为"本真的"和"非本真的"是同源的，非本真的不代表"不真"，但代表着遮蔽的"沉沦"毕竟是某种在本真的决断这种最源初的解蔽中被暂时克服的东西。可见，虽然海德格尔说到"沉沦"并非作为某种消极的生存状态被提出，但《存在与时间》尚未完全抛却"真与假"的区分的束缚。

物,也没有某种存在之维度会永远保持模糊,除了作为时间性之终结的死亡以外,并没有那种缺席着并给出在场的维度。[①] 在后期对真理的遮蔽维度的愈加重视中,海德格尔将希腊人在谈及无蔽时已经经验着的东西付诸言说。在海德格尔看来,希腊人已经触及开端性的遮蔽,只不过对于希腊人而言,遮蔽着的是什么,谁在遮蔽着,尚未明朗。[②] 在这个意义上,海德格尔试图回答的关于"遮蔽"的问题,是在从希腊的无蔽经验而来并在超越希腊的同时,将传统形而上学中"假象"与"阴影"的力量挖掘出来。以这种方式,海德格尔用现象学方法反驳了自柏拉图以来的理念结构,"假象"与"阴影"成了意义的泉眼。

三、真理的遮蔽维度对空间阐释的深化

在《存在与时间》中,海德格尔将存在视为"在场",将作为解蔽的"Aletheia"视为"让……在场化"[③]。作为"Aletheia"的揭示者,此在的生存是"让……在场化"的过程。其他存在者被此在的筹划所揭示,此在之筹划组建着空间,空间因而建基于"在场"。从后期将真理的本质作为敞开域而言,此在穿行于敞开域并在先敞开的敞开域中读取自身的位置,空间的本质植根于敞开域而非此在对空间的组建,但此时,空间依然建基于敞开域中已然在场的部分,也就是说依然植根于解蔽。因此,从我们对空间的经验而言,那些"难以把捉"的部分,以及种种惊惧、畏、惊异(wonder)等"基本情绪",尚未在"此在穿行于空间"的论断中找到最深的根据。这一更深的根据映射在真理的遮蔽维度

[①] Vallega-Neu, Daniela.Heidegger's Contributions to Philosophy: An Introduction-Studies in Continental Thought[M]. Indiana University Press,2003: p17-18.

[②] 马丁·海德格尔.巴门尼德 [M].朱清华,译.北京:商务印书馆,2018:18.

[③] 朱清华.海德格尔的 aletheia[J].外国哲学,2012,6(23):155-172.

中：敞开的部分植根于尚未敞开的部分，涌现植根于隐藏。在对遮蔽维度的追问中，与世界争执的"大地"，事物之锁闭，作为涌现与隐藏的"physis"等被带入问询。在这一系列问询中，空间"难以把捉"的部分在道说中浮出水面，"空间"更加深入地脱离了现代科学的桎梏。

真理的遮蔽性维度对空间阐释的深化延展在后期讨论的很多内容中，如上文所说的"大地性"的提出、事物之锁闭、作为涌现与隐藏的"physis"，以及从遮蔽维度而来对技术的反思。其中，"大地"这一概念贯穿在对以上这些问题的讨论中，所以选用"大地"这一概念作为探入真理的遮蔽维度与空间阐释之间的联动入口。

海德格尔对"大地"这一概念的第一次提出，是在1934—1935年的《荷尔德林诗的阐释》中说到"生活于世界之中的人安居于大地之上"，其时，大地已经作为某种具有"庇护"性质的概念与世界成对出现。而最主要的一次讨论是在《艺术作品的本源》中对"世界与大地的争执"的阐论。在对世界与大地的争执的阐论中，海德格尔将大地阐释为"一切涌现者的返身隐蔽之所""在涌现者中大地现身为庇护者"[①]。

对"世界与大地"的阐释，在某种角度上与尼采对"日神与酒神"的阐释一脉相通。"世界"对应着"日神"，倾向于在混沌中建立光明和秩序。"大地"对应着"酒神"，倾向于作为"母体"的混沌。正如混沌是秩序之本源、秩序从混沌中展开，"大地"是"世界"的本源，"世界"从"大地"中显明。在这个意义上，

[①] 马丁·海德格尔.海德格尔文集:林中路[A].孙周兴，译.北京:商务印书馆，2015:30.

大地是支撑着清晰的意义的模糊"基础"，它先于并且支撑着所有显现着的意义①。海德格尔将"世界与大地的争执"阐释为存在的真理的发生，大地因而直接地与本质性的遮蔽联系在一起，将本质性的遮蔽庇护入具体的存在者。

大地既然作为一种本质性的遮蔽，那么，当然一种"本质性的遮蔽"不可能将自身显现为一个现象，正如给出着赠予的存在（Seyn）也不可能成为一个在场的现象。大地之显明昭示着的是大地之遮没，我们于显明的现象中捕捉到的是本质性的遮没对所有显明的动摇②。那么，现象学是否无能于探说"大地"？如果我们目之所及的是已经展开的秩序，那么居于一切秩序中的非显明者是否无从探询？或许建立于秩序之中的我们的语言在"非透明之物"③面前触碰到的是自身的界限，那么如维特根斯坦所说，或许我们应该对"不可说"保持沉默，对"不可说"保持节制。或是如海德格尔所做的，在明确的答案永远不会被实现之处，寻求的过程本身亦是一种回答。在这一态度中，海德格尔将目光转向了一些可以捕捉的线索。这些线索将大地与散落在我们周围的事物连接起来。

不显明者虽然不会作为一个现象摆在我们面前，但它作为在所有现象中运作着的给出者蔓延在所有显明中。在《艺术作品的本源》中，海德格尔以神庙为例阐释在岩石这种质料中显明的"大地性"，并通过大地性探入事物之锁闭。在神庙的威临中，作

---

① 波尔特.存在的急迫：论海德格尔的《对哲学的献文》[M].张志和，译.上海：上海书店出版社，2009：187.

② 波尔特.存在的急迫：论海德格尔的《对哲学的献文》[M].张志和，译.上海：上海书店出版社，2009：144.

③ 波尔特.存在的急迫：论海德格尔的《对哲学的献文》[M].张志和，译.上海：上海书店出版社，2009：146.

为建筑材料的岩石并不消融在神庙这一作品之下，反倒是神庙之威临将岩石这一质料呈现出来。在岩石这一质料中呈现的是蕴含在每一个事物之中的"终极的、大地性的基底"①。具体而言，就是事物的自持、锁闭和不可开凿。事物之锁闭与不可开凿正是在海德格尔对传统形而上学阐释物的三种方式的批判中已经涉及但并未明言的东西。无论是科学式的开凿还是哲学式的分析，都遭遇到物的抵抗；无论是钻透、砸碎还是对属性的分析，都没有将物的"内部"公开出来。② 在这个意义上，真正的物性就是一种顽固的抵抗力，一种无法用语言恰当描述的"自身持守"，而这种"自身持守"根源于事物以大地为基底。

　　与科学分析意义上的"显示"不同，锁闭的事物对大地的"显示"是对无法被分析的东西的敞现，这种显示中并没有破坏大地的锁闭，而是将对"大地"的锁闭状态的经验带入世界之中。在这个意义上，海德格尔对大地的提出正是为了将"本质性的遮蔽"带入显现③。在"大地"这一名称之下聚集的是语言对"敞开的秘密"④ 的应合，也是在这层意义上，人才能作为一个道说者站在与本质性的遮蔽与解蔽的关联之中。⑤

　　同时，也是在对"大地"的道说与经验中，事物有了不可全然解蔽的维度。"超越"因无论如何也要发生于大地之上而有了自身的界限，⑥事物的本身性和独立性在对大地的思索中被归还给

---

① 让－弗朗索瓦·库尔蒂内，王睿琦，张生.事物与空间：现象学的新进路 [J].同济大学学报，2019，30(3)：1–12.

② 陈嘉映.海德格尔哲学概论 [M].北京：商务印书馆，2014：233.

③ Jeff Malpas. Heidegger's Topology: Being, Place, World (A Bradford Book)[M]. The MIT Press,2007: p189.

④ 马丁·海德格尔.巴门尼德 [M].朱清华，译.北京：商务印书馆，2018：92.

⑤ 马丁·海德格尔.巴门尼德 [M].朱清华，译.北京：商务印书馆，2018：99.

⑥ 陈嘉映.海德格尔哲学概论 [M].北京：商务印书馆，2014：235.

事物。我们也沉浸到存在者的多样性中去，并意识到存在者的存在方式并不会被已有的解释耗尽，^①因为"事物的大地维度不断地回来切断对它们作出解释的世界"^②。

从对大地的道说而言，现象学超出了现在时—陈述语气，指向缺席者。对缺席者的思索并非故弄玄虚。诚如弗朗索瓦丝·达斯图尔所言，我们的生活总已被"缺席"所充斥。所有的意向性建构都已经指向着对当下被给予之物之外的事项的期待，^③整个意识因而是一张由对缺席的体验编织成的网络——对将来的期备、对过去的回忆、暗含在当下被给予之物中的种种暗示共同织就了直接显明之物。^④也正是在这个意义上，德里达认为，一切在场都无法在不依赖某种缺席的情况下起作用，在场"内在地受制于缺席、再生产和变异"^⑤。从这个角度而言，现象学对显现活动的关注，必然需要探入显现活动的根源，或者说，在显现活动之上重构它的根源，^⑥将显现活动的根源作为缺席者纳入思考之中。

同样也是从这个角度而言，对任何事项的思考和理解都需要探入在显明中遮没自身的缺席者，对空间的阐释亦然。现代技术将现成的和可把捉的作为更根本的，在现代科学以主体的表象和

---

① 波尔特.存在的急迫：论海德格尔的《对哲学的献文》[M].张志和，译.上海：上海书店出版社，2009：206.

② 波尔特.存在的急迫：论海德格尔的《对哲学的献文》[M].张志和，译.上海：上海书店出版社，2009：290.

③ 波尔特.存在的急迫：论海德格尔的《对哲学的献文》[M].张志和，译.上海：上海书店出版社，2009：148.

④ 波尔特.存在的急迫：论海德格尔的《对哲学的献文》[M].张志和，译.上海：上海书店出版社，2009：145.

⑤ 波尔特.存在的急迫：论海德格尔的《对哲学的献文》[M].张志和，译.上海：上海书店出版社，2009：172.

⑥ 波尔特.存在的急迫：论海德格尔的《对哲学的献文》[M].张志和，译.上海：上海书店出版社，2009：148.

意识为尺度的座架本质中，"解蔽"作为一种缺乏节制的敞开将缺席者隐没得更深。虽然我们对空间的依寓和组建依赖于解蔽，但这种解蔽本身既要求可理解性，又要求不可理解性。当我们对显明的现象进行理解时，已经依赖着将显明推出的不显明。尽管我们的语言在"非透明之物"面前碰触到自身的界限，但对界限的碰触也好过对界限的毫不知晓与理性的暴政，或者说，我们需要不断地碰触界限，因为正是从对界限的思考中，显明的部分才会获得更深层的意义，以这种方式，大地更新着世界。① 正如在作为"Aletheia"的真理中，解蔽的维度是代表宽度的横轴，遮蔽的维度是代表深度的纵轴，在对遮蔽维度的探究中，"真理"才有其深渊般的本质。在对空间的思考中，植根于"世界"的空间是铺陈开的意义脉络，植根于"大地"的空间是将脉络撑起的支点，我们已经站在大地的支点之上，并处于涌现与隐藏的法则之中。当我们说到此在栖居并穿行于空间时，非透明者的"给予"已经在道说之中显明。

---

① 波尔特. 存在的急迫：论海德格尔的《对哲学的献文》[M]. 张志和，译. 上海：上海书店出版社，2009：1205.

第五章

海德格尔空间阐释的回响

第一节　梅洛－庞蒂对空间的阐释

一、梅洛－庞蒂对海德格尔空间阐释的继承与扩展

从历史背景和思想来源看，梅洛－庞蒂和海德格尔有多方面的相似性。首先，二者都试图解构主体性形而上学，而且在身心问题上，二者都反对将身体与心灵视为相互独立的实体，拒斥由身心二元论出发将主体拼凑为由互不相干的两部分合成的悬临于世界之上的实体。同时，二者都继承了胡塞尔的现象学路径，主张在不设置任何前提的基础上"回到事情本身"，但在继承的基础上，又对胡塞尔提出了颇为相似的批判，认为胡塞尔的先验现象学将世界的意义封闭于纯粹意识的意向性之内，将一切源初的经验还原到先验自我，因而依然落入了对前提的预设中，未能阐明生活世界如何被源初地经验。

从以上这些相似之处而言，海德格尔和梅洛－庞蒂都将落脚点放在了有处境性的、有限的主体的"在世存在"。具体到对空间问题的阐释，两者都以"在世界之中"为基础展开对生存论空间的讨论，或者说，梅洛－庞蒂借鉴于海德格尔对此在"在世界之中"的阐释继而对知觉主体的在世存在进行分析。[①] 但不同之

---

① E. Mattews. The Philosophy of Merleau–Ponty[J]. Chesham: Acumen,2002: pp55–56.

处在于，在对"在世存在"的阐释中，虽然海德格尔从不将身体视为现成物，但出于对笛卡尔的身心二元论的拒斥，海德格尔选择对作为一个"生存中的整体"的"此在"进行生存论分析，将"在世界之中"阐释为"时间性的此在"有所去蔽地与周围事物打交道。海德格尔默认对作为"蕴于"的"在之中"的讨论中，已经包含了对身体性的阐释，从而忽视了此在的身体维度对"在世存在"之解蔽活动的参与，进而也忽视了与身体维度直接相关的具身性空间。而梅洛-庞蒂以区域存在论（regional ontology）的方式从在世主体的"知觉"和"身体"入手，[①] 分析"知觉的身体"如何在世界之中存在。也就是说，与海德格尔对身体问题的忽视不同，梅洛-庞蒂将身体性作为存在之源头，认为身体与世界在知觉中相连，知觉更能代表我们与世界的源初关系。从这一区别出发，两者虽然都讨论"意义"如何发生，且都着重于对前反思、前概念的意义的阐释，但海德格尔的阐释更多地关联与"理智"相关的意义，而梅洛-庞蒂更多的关注与身体知觉相关的身体意识。海德格尔更多地将我们对不同的方位以及遥远与切近等与空间有关的感知与此在的操劳活动连接起来，而操劳活动虽然并不见得经过明确的"反思"，但也有颇为明确的意图。梅洛-庞蒂则将对空间的感知与身体的意向性关联，强调在不需经过任何理智过滤的情况下，身体就已经作为一个意义的承载者有所意向地对周围世界作出回应，实现与世界、与空间交融。从这一方面而言，梅洛-庞蒂对身体与空间的直接关联的阐释，补充了海德格尔空间阐释中存在的缺憾，同时将对空间的阐释推至更本源处。

[①] Kevin A. Aho. Heidegger's Neglect of the Body[M]. SUNY Press,2009: p44–45.

二、梅洛－庞蒂对客观空间的批判

基于对源初空间更深入的回溯，在《知觉现象学》中，梅洛－庞蒂详细地分析了客观空间，并通过对客观空间这种"位置的空间性"的现象学还原提出了具身性空间（情境的空间性）。①

梅洛－庞蒂将传统哲学中的客观空间分为两种，一种是被空间化的空间，另一种是能空间化的空间。被空间化的空间主要指经验主义提出的客观空间，即直接从空间中的对象出发被构想的空间。如牛顿的绝对空间，将空间构想为诸对象共存于其中的容器；莱布尼茨的关系论空间，将空间构想为诸对象所处的关系系统；笛卡尔的属性论空间，将空间构想为诸对象共享的广延属性。梅洛－庞蒂将这类"被空间化的空间"称为实在论空间，认为它们是由实在的物理对象向主体呈现的感觉经验而被构想出来的。②

能空间化的空间所考虑的则是空间关系的主体性根源，认为主体具有一种构造空间的能力，从而能够将空间关系赋予在感觉经验中被给予的内容。梅洛－庞蒂将能空间化的空间称为观念论空间。③ 与"被空间化的空间"中主体纯粹被动地感知空间中的现成对象不同，"能空间化的空间"中主体纯粹主动地对空间进行构造。

但在梅洛－庞蒂看来，虽然"能空间化的空间"和"被空间化的空间"看起来是两种非常不同的空间类型，但本质上都是以不同的方式对客观空间进行表述。"被空间化的空间"显然是一种客观空间，那么，"能空间化的空间"作为一种由主体对空间进行构造的空间观，为何也表述着客观空间？原因在于无论是

① 刘胜利 . 身体、空间与科学 [M]. 南京：江苏人民出版社，2014：140.
② 刘胜利 . 身体、空间与科学 [M]. 南京：江苏人民出版社，2014：141.
③ 刘胜利 . 身体、空间与科学 [M]. 南京：江苏人民出版社，2014：189.

经验主义还是理智主义，都预设了一个不变的、可以被绝对确定的客观世界。只不过经验主义认为这个不变且确定的世界独立于人，而理智主义认为是认知主体的意识构造了这个不变且确定的世界。[①]或者更进一步地说，经验主义和理智主义都预设了可以获得客观且实在的"真理"，即都预设了"客观思维"。在对客观思维的预设下，理智主义的"先验自我"对空间的构造只是在经验主义的客观空间之上附加了一个整理它的意识，且这个意识是与知觉分离的，因而"能空间化的空间"是一种被"自为"的心灵构造的"自在"客观空间。

基于经验主义和理智主义共同预设的客观思维，时间、空间、身体、世界都以一种客观化、对象化、确定化的方式被表达，并且在客观思维的背景下增进彼此的对象化。于是，一幅越来越能够自圆其说的客观主义世界图景被构筑起来。其中，不能被作为对象而确定下来的内容被剔除掉，而能够留下来作为对象的只是事物、身体与空间的局部内容。显然，在梅洛 - 庞蒂看来，由能够被对象化的局部抽象出的客观主义世界图景不能代表世界，也不能代表我们对世界的经验。同样，以客观主义世界图景为背景的客观空间也不能囊括空间的内容与意义。

在梅洛 - 庞蒂看来，之所以这幅客观主义的世界图景无法阐释源初的世界经验和空间经验，一个很重要的原因在于：在经验主义和理智主义的世界图景中，主体与世界、与空间是相互外在、相互分离、单向的。那么，将源初的"在世存在"揭示出来的一个关键步骤，就在于"主体"要"在世界之中"，也正是在这个

[①] 杜小真，刘哲. 理解梅洛 - 庞蒂：梅洛 - 庞蒂在当代 [C]. 北京：北京大学出版社，2011：164.

意义上梅洛-庞蒂继承了海德格尔，将突破客观思维的桎梏的支点放在一个处境性的、有限的主体之上。

经验主义认为主体是客观世界中的一个对象，被动地接受外在世界的因果刺激；理智主义认为主体是一个普遍的构造意识、主动地构造外在世界的不同①。海德格尔的"此在"和梅洛-庞蒂的"知觉主体"都是依寓于世界之中、与世界在互相交融中相互构造的主体。与理智主义的普遍意识在世界之中的每一处又不在任何一处的"上帝视角"不同，此在与知觉主体是在具体的处境中的有限主体。对于有限的主体而言，无论世界还是空间，都不是一览无余的客观对象，而是生活的基本情境，是意义得以生发的场域。

在梅洛-庞蒂看来，理智主义的反思之所以不可能是一种彻底的反思，在于理智主义遗忘了自身的有限性。也就是说，这种普遍的构造意识之所以能够认为被自身构造出的时间、空间等是绝对确定的存在者，是由于缺乏对自身的反思，忽视了我们总是已经以身体为载体处于世界中的某处，反倒将自身思考为一个悬临于世界之外的主体。

与理智主义对"源初的在世"的忽略相反，在梅洛-庞蒂和海德格尔看来，所有的认识都基于有限的主体朝向世界源初地存在。正是在含混的、模糊的在世经验中，丰富的意义才滋生出来，进而被确定为命题和科学理论。因而不能试图剔除或消减掉包含在源初的、含混的、不明确的经验中的丰富意义，更不能将科学理论视为优先性的，进而反过来用从源初经验中抽象出的科学理

---

① 杜小真，刘哲. 理解梅洛-庞蒂：梅洛-庞蒂在当代 [C]. 北京：北京大学出版社，2011：163.

论解释源初经验。

但与海德格尔通过对时间性的此在进行生存论分析和探究人如何源初地朝向世界不同的是，梅洛 - 庞蒂对"人如何源初地朝向世界而存在"的阐释侧重于身体性，强调人以知觉着的身体为中介朝向世界源初地生存。通过身体这一中介，主体与世界处于源初的交流与对话之中，因而梅洛 - 庞蒂的"主体"是知觉着的主体。这个知觉着的主体不仅不是构造世界的纯粹意识，甚至是一个匿名的实存。与胡塞尔的先验意识和康德的先验自我相比，它是前反思、前人格的主体，尚没有对自身的明晰认识；与海德格尔的此在相比，它是以身体为中介直接地与世界交互构造，并不是通过从有限的时间性折返回当下而有所意图地"在世界之中"。

通过对前反思性的知觉主体的提出，梅洛 - 庞蒂彻底地逃离了客观思维的桎梏，同时逃离了客观空间。知觉主体经验着的空间既不是客观的秩序，也不是主观的秩序，①而是世界这一意义整体对知觉着的身体的包纳与环绕。同时，对"在世界之中的身体"的分析，弥补了海德格尔的生存论空间中缺失的身体维度。②

三、梅洛 - 庞蒂的具身性空间

梅洛 - 庞蒂认为，在人类的全部经验中，知觉是首要的，"在

---

① 张中．深度空间与纯粹的身体：梅洛 - 庞蒂现象学美学的起点 [J]．江淮论坛，2010，53(3)：84-89.

② 在对知觉经验的强调下，梅洛 - 庞蒂批判经验主义和理智主义对"知觉"的还原，认为无论经验主义还是理智主义，从根本上都试图通过还原化的处理，将活生生的知觉经验变成一种极简的单位。只不过经验主义向下还原，将知觉还原到机械论的刺激和反应，而理智主义向上还原，认为其实并没有知觉，所谓的知觉只是尚未成熟的意识。两种方向的还原共同否认了知觉中最接近身体的一部分，认为这一部分只是感觉材料没有特别的意义，而梅洛 - 庞蒂则认为正是通过这一部分，我们才能够与世界源初地交融，因此需要回溯到源初的知觉中。

得到完全阐明的人类知觉中，我们可以找出人类生活的所有特征"①，正是在对知觉的经验中，"我们从此一时刻过渡到彼一时刻"并获得了时间的统一性。在这个意义上，"任何意识甚至我们对自己的意识都是知觉的意识"②。因此，知觉不仅是一切行为的前提，③ 更是我们对世界保有惊奇的姿态，让世界祛魅的方式。④ 与知觉直接相关的就是身体，因此，人类意识朝向世界的源初开放，以身体为载体。为了与对象性的身体区分开来，梅洛 - 庞蒂将身体称作"本己身体""现象身体""被体验的身体"等，⑤ 并将与本己身体相关联的知觉空间称作具身性空间。

在梅洛 - 庞蒂看来，对身体的认识与对空间的阐释有直接的关系。更进一步地说，一种特定的身体观总是对应着与之相应的空间观。在将空间对象化的过程中，起至关重要作用的就是将身体对象化，甚至是伴随着将身体对象化的过程，空间的对象化才发生。

人类并非向来就以对象化的方式思考身体和空间，身体的对象化与空间的对象化也并非在现代科学的视野下一蹴而就地发生，而是从古希腊时期就已初见端头。早在柏拉图对苏格拉底之死的叙述中，苏格拉底对于随着死亡而消亡的只是肉身而不是灵

---

① 莫里斯·梅洛 – 庞蒂. 知觉的首要地位及其哲学结论 [M]. 王东亮，译. 北京：生活·读书·新知三联书店，2002：68.

② 莫里斯·梅洛 – 庞蒂. 知觉的首要地位及其哲学结论 [M]. 王东亮，译. 北京：生活·读书·新知三联书店，2002：4–5.

③ 莫里斯·梅洛 – 庞蒂. 知觉的首要地位及其哲学结论 [M]. 王东亮，译. 北京：生活·读书·新知三联书店，2002：5.

④ 杨大春. 杨大春讲梅洛 – 庞蒂 [M]. 北京：北京大学出版社，2005：110.

⑤ Lester Embree et. al. (ed.) , Encyclopedia of Phenomenology[C]. Dordrecht : Kluwer,1997, pp.66–71.

魂的道说中，就已隐含着身体与灵魂的初步二分①。柏拉图的理念论进一步促成了身体与灵魂的对立，将身体规定为可生灭的、可见的、物质性的，而灵魂则是不朽的、不可见的、精神性的。身体因而成为某种需要克服的东西，人的诸多欲望也被归咎于身体。继而，中世纪哲学从亚里士多德那里继承的本质与实存之分，进一步地将身体划归于作为"是什么"的实存，将灵魂划归于作为"某物之所是"的本质，同时认为本质优先于实存。在这一系列的划分中，身体始终处于次要地位。②

　　虽然在古希腊和中世纪身体相较灵魂处于次要地位，但在这一个时期无论是身体还是空间，都并没有被完全地对象化。身体被彻底地对象化发生在笛卡尔处。在笛卡尔这里，身体和灵魂是两个截然二分的独立实体，身体被构想为以广延为本质的普通对象，被视为客观世界中的广延片段，是纯粹外在且无限可分的。这一划分使得身体不再是活生生的身体，而只剩下空洞的刺激与反应，失去了与世界和事物的"encounter"意义上的交融。伴随着对象化身体的彻底完成，对空间的对象化也彻底地完成。在这一趋势下，经验主义将身体视为与其他对象没有差别的客观对象，继而将身体与空间的关系视为一个客观的身体占据客观空间的一部分这种"相互外在的机械包含关系"③；理智主义将"观看"着空间的主体视为不以身体为载体处于世界中的纯粹意识，而这种观看在每一个处同时又不在任何一处，进而构造出静止的、绝对确定的空间。与之相应的，身体与空间之间交织一直没有得到澄

---

① 叶秀山. 苏格拉底及其哲学思想 [M]. 北京：人民出版社，2007：88.
② 刘胜利. 身体、空间与科学 [M]. 南京：江苏人民出版社，2014：66-67.
③ 杜小真，刘哲. 理解梅洛－庞蒂：梅洛－庞蒂在当代 [C]. 北京：北京大学出版社，2011：167.

清，甚至是海德格尔从对技术的反思而言，对现代科学的空间观进行的批判也并没有具体地将与身体相关的空间经验带入视野。

然而，如果不从身体自身的处境性出发，就无法从根本上分析我们究竟如何置身于空间。因为"置身于空间之中"确乎依赖于具体的知觉经验，且这些知觉经验既不是纯粹的感觉材料，也不是能够被此在的"在世界之中"尽数囊括的内容，更不是能够从生理学和心理学角度解释清楚的东西。作为在世界之中的主体不可或缺的一部分，身体有自身的意识和意向性，而我们对空间的意识从最根本处而言，主要依赖于身体自身的意识。

正是从个角度而言，梅洛-庞蒂认为十分有必要具体地阐释人如何以身体的方式在世以及人如何就是他的身体，只有这样才能把"在世存在"揭示得更加源始。同时，只有从"在世的身体"这个角度入手，才能更根本地解释人如何生存于空间之中，继而更加彻底地从客观空间的桎梏中走出。因为只有将身体从客观世界的框架中拽出，与身体相连的周围环境才能以情境性的方式呈现，知觉主体与被知觉的世界才能一并被带入视野之中。[1]

那么非对象性的身体，或者用梅洛-庞蒂的话来说，本己身体、现象身体、被体验的身体是怎样的？与之相应的空间又是如何呈现的？

梅洛-庞蒂认为，现象身体既不是外在性的对象，也不是与心灵实体相对的现成物，而是对有意义的当下情境作出回应的身体；身体的各部分，如手和脚以及身体的其他部分，是一个既相互外在同时又紧密相连的统一体。这一统一体始终对情境作出自发的回应，且在回应中身体的各部分作为内在于同一个统一体的

---

[1] 刘胜利.身体、空间与科学 [M].南京：江苏人民出版社，2014：100.

各部分相互关联、相互替换地彼此协作。因而身体的知觉既不能向下还原为机械论式的刺激与反应，也不能向上还原为意识，主体也并未将意识间接地过滤给身体，继而促使身体作出反应，而是情境中的身体本身就有某种直接的意向性，这种身体意向性就是我们介入世界的方式。①

在现象身体对周围情境的依寓中，身体自然而然地与周围的知觉世界相融，并在具体的活动中熟悉周围的情境、指向周围世界中的各种对象。梅洛 - 庞蒂认为，在很多下意识的身体活动中，身体已经对周围世界有所理解，且这种理解是前反思的、不需以表象为中介，也不需将被理解的对象客体化。也就是说，身体以一种前反思的实践性的方式与世界进行直接的交流和对话。在这个意义上，梅洛 - 庞蒂将现象身体视为一种居间性的存在：身体既不是广延实体也不是思维实体，而是自在与自为的综合，是比二元区分更加根本的第三类存在。作为居间性的存在，身体有本源的意识，身体的自发运动就是身体的意向性、身体意向性是"在世界之中"的基本方式②，与带有意向性的身体对应的空间是具身性空间。因具身性空间既关联于本己的身体，同时又关联于世界，所以它是一种介于内在性与外在性之间的空间类型。也就是说，具身性空间中始终有一个不断地生成和变化着的动态维度（即关联于本己身体的那个维度），因此，具身性空间无法被彻底地还原与表象为客观对象。同时，因为被知觉的世界不是被知觉

---

① 莫里斯·梅洛－庞蒂.知觉现象学[M].姜志辉，译.北京：北京大学出版社，2005：196—204.

② 与胡塞尔处的"意向性"有别，胡塞尔的意向性是观念论、认识论上的意向性，是基于反思性的意识而形成的清晰确定的概念。而身体意向性指的是现象身体作为一种有知觉意识的东西，对周围情境不断地作出直接的回应，因而身体意向性是前反思的、实践性的意向性。

主体来构造的，而是知觉主体居住于周围世界之中与之交互构造，因而具身性空间也无法被还原到任何一种纯粹意识之中。可以说，具身性空间表达的是知觉主体与世界的共存结构，而不是单向关系。在这个意义上，具身性空间是一种新的关系论空间，它表达着知觉主体（身体）与周围世界（空间）这两个相异的关系项的相互构造，它们之间的动态关系比主体和世界这两个关系项本身更加根本。

具身性空间中，身体与世界及空间的交融关系或许可以从幻肢的例子上更具体地看出。在幻肢现象中，知觉主体总是仿佛依然能够知觉到已经失去的肢体，并感觉到身体的其他部分与失去的部分之间的协作。在梅洛 - 庞蒂看来，知觉主体感觉到的正是过去的身体与世界之间的交融关系，且这种交融关系有其经验性的记忆，能够在肢体已经不存在时依然留存着已经熟悉与习惯的协作之感。这种协作之感不仅是身体各部分之间的协作，还包含着作为整体的身体与世界及空间之间的关联和记忆。或者说，所谓"记忆"不只是心灵独有的特征，所谓"意识"也不只有理智意识这一种，身体是一个自发地运转并保留着记忆与经验的中间物，它比理智意识更直接、更隐晦地与世界相融。诸如方位感之类的空间层次也更源初地在现象身体一次又一次的具体活动中，通过将运动情境与空间关系交融在一起而获得。现象身体在运动中感知着空间的层次，将对空间的感知整合到自身的经验中，并携带着已有的空间经验融入新的周围情境。①

一个有"记忆"的现象身体必然是个人性的。具身性空间包

---

① 莫里斯·梅洛－庞蒂. 知觉现象学 [M]. 姜志辉，译. 北京：北京大学出版社，2005：147-157.

含着"这一个人"的身体与世界的联结以及联结中的经验与记忆。正是从这个角度而言，我们真正经验着的空间才是多样化的，或者说有多少种与世界关联的不同方式，就可以有多少种不同的具身性空间经验，也是从这个角度而言，梅洛 - 庞蒂分析了与黑夜的空间、梦的空间、儿童的空间、原始人的空间等多种具身性空间。这些多样的空间经验与客观空间形成对比，表现出身体丰富的感受性以及身体与空间不可对象化的联结方式。梅洛 - 庞蒂将客观空间与具身性空间的对立比作几何空间与拓扑学空间，以及地理学家的空间与风景之间的对立，[①]用以阐明具身性空间具有不可测量的、复杂而丰富的内容，这些内容以身体为纽带被感知为可见的或不可见的，在含混与显明之间呈现出空间的深度，且空间之深度作为空间的本质在客观思维将空间表象为平面之前，已经由身体的知觉所构成。[②]

　　具身性空间的"个人性"并不代表着完全的内在性和封闭性。因为每一个人的身体都朝向着一个共同的世界，所以具身性空间是主体间性的，始终通过现象身体朝向共同的世界开放。可以说，具身性空间的源初性，恰恰就在于它处于内在性与外在性之间，是一种内在性与外在性的相互运动。[③]在相互运动中，他人总是已经随着我的现象空间朝向着世界的开放，而出现在我的现象空间中。梅洛 - 庞蒂后期将身体、物质、他人、语言、思想等一切事物都视为"世界之肉的绽裂"。在这个意义上世界以及

---

① 莫里斯·梅洛 - 庞蒂.知觉现象学 [M].姜志辉，译.北京：北京大学出版社，2005：332.

② 莫里斯·梅洛 - 庞蒂.知觉现象学 [M].姜志辉，译.北京：北京大学出版社，2005：326.

③ 杜小真，刘哲.理解梅洛 - 庞蒂：梅洛 - 庞蒂在当代 [C].北京：北京大学出版社，2011：239.

世界中的事物与身体同质，在可逆性中相互延伸。[①]

梅洛-庞蒂并不将知觉视为一种科学，也不将其有意识地采取立场，而是一切在世行为的最初源头。[②] 身体与空间的动态交织虽然是含混和不清晰的，但若不回到身体对世界的知觉中，我们就不会理解空间。[③] 因此，无论是客观空间还是海德格尔所讨论的生存论空间，都是在具身性空间的基础上展开的。换言之，只要我们对空间的描述尚且依赖于所谓的"空间感"，只要我们尚且以知觉的方式出现在被阐释的内容面前，那么任何一种对空间的理解方式，都已经不言自明地叠加于具身性空间之上，以在世的身体作为意义之纽结。

四、梅洛-庞蒂对海德格尔的批判

虽然梅洛-庞蒂和海德格尔对胡塞尔有类似的批判，但梅洛-庞蒂在《知觉现象学》的前言中对胡塞尔以来的"本质"概念的批判可以用在海德格尔身上。[④]

在梅洛-庞蒂看来，胡塞尔和海德格尔都属于追求本质的阵营。"胡塞尔的先验还原所直观到的本质并不是对意识的展开，而是在被我们过于紧密地附着的世界之中重新找到'我'对'我'的实际呈现，探讨使'我'的体验成为可能的原因。"[⑤] 与胡塞尔类似，海德格尔将事物对知觉的显现迂回地阐释于此在因时间性对事物的超越，用超越论的维度部分地抹消了"在世界之中"的源初性，用对"本质"的追求替代了事物活生生的显现，将空间

---

① 杨大春.语言 身体 他者：当代法国哲学的三大主题 [M].北京：生活·读书·新知三联书店，2007：164.

② 莫里斯·梅洛-庞蒂.知觉现象学 [M].姜志辉，译.北京：商务印书馆，2001：5.

③ 莫里斯·梅洛-庞蒂.知觉现象学 [M].姜志辉，译.北京：商务印书馆，2001：40.

④ 王亚娟.梅洛-庞蒂与海德格尔之间"缺失的对话"[J].哲学动态，2014.

⑤ 王亚娟.梅洛-庞蒂与海德格尔之间"缺失的对话"[J].哲学动态，2014.

奠基于内在性之中。哪怕是后期对空间的论说中，由于没有开启一种介于内在与外在之间的空间类型，无论此在怎样源初地穿行于空间之中，空间始终是外在的，外在于此在绽出的时间性。

　　与胡塞尔和海德格尔不同，梅洛 - 庞蒂试图避开对本质的追求，认为"如果我们从我们的存在的事实转到我们的存在的本质，从此在（Dasein）转到本质（Wesen），那么我们就不能对我们关于世界的知觉作哲学的考察"①。因为"本质"只是一种手段而不是目的，更不是现象学研究的对象。对"本质"的侧重只会将人为性附加于源初的现象之上②。在这个意义上，虽然梅洛 - 庞蒂和海德格尔对"在世存在"的分析立足于"有处境性的主体"这一同样的支点，但梅洛 - 庞蒂通过将对存在的考察下降到前人格的知觉经验，更加贴近"在世界之中"的源始经验。

　　但即便如此，不得不强调的是，关于身体的问题海德格尔实际上与梅洛 - 庞蒂有颇为相似的看法。例如，《存在与时间》中对"上手事物""现成在手事物"的阐释中，"手"这个词的出现已经蕴含了事物是经由身体出现在我们的日常活动中，我们在空间中的存在通过身体而始终处于动态状态里，身体使得与周围事物的交融得以可能并限制了交融的范围③。又如，在 Zollikon 的讲座中，针对萨特对《存在与时间》中未能主题化地阐明身体问题的质疑，海德格尔从"在世存在"的角度区分了"躯体"和"身体"，认为"躯体"指的是物理身体，躯体的边界是物理身体的广延；而《存在与时间》中的"身体"指"生存活动中的身体"

---

① 莫里斯·梅洛 - 庞蒂 . 知觉现象学 [M]. 姜志辉，译 . 北京：商务印书馆，2001：10.
② 莫里斯·梅洛 - 庞蒂 . 知觉现象学 [M]. 姜志辉，译 . 北京：商务印书馆，2001：11.
③ Jacques Derrida. Geschlecht II：Heidegger's Hand.Deconstruction and Philosophy：The Texts of Jacques. Derrida[A]. John Sallis,ed.,The University of Chicago Press,1987,pp.161–196.

（lived body），"身体"的边界是与之交融的那部分周围世界。①

从以上两个例子可以看出，海德格尔在直接或间接地思考身体时，是将身体视为某种向着世界延伸的"现象身体"，且现象身体在与世界的交融中包含着动态的空间性。在 A. Aho 看来，虽然在《存在与时间》中海德格尔并未专题性地讨论此在的身体性，但实际上海德格尔将此在视为一个隐含的具身行动者，并认为正是通过此在的身体，此在才并不是封闭于自身之内，而是总已置身于"此"并自然而然地在自身之外，此在之"朝向世界而存在"隐含了具身性行动者的身体在前反思的实践中向世界延伸。②

以上两处是海德格尔比较明确地涉及身体性的例子。在一些更加隐晦的例子中也包含着身体性的内容。例如，《存在与时间》中的"现身情态"，后期的"大地"等概念中都包含了海德格尔对前语言、前意识的知觉经验的阐释③。这些阐释通常被纳入海德格尔对前期超越论的克服中，实际上却隐晦而间接地包含着对"身体性的在世"的默认。在对"世界与大地"的阐释中，此在从"理智性"的筹划而言，朝向世界而"超越"；从身体性地"栖居"与"处身"而言，则归属于大地。在对"现身情态"的阐释中，此在从本真的决断而言，理解自己绽出的时间性；从非本真的沉沦而言，在"现身情态"中通过身体被抛于世界中的某处，甚至可以说，海德格尔在《哲学论稿》中对"Ereignis"，即

---

① M.Heidegger,M.Boss. Zollikon Seminars[A]. Franz K.Mayr,Richard R.Askay,trans. Northwestern University Press,2001:p89.

② Kevin A.Aho. Heidegger's Neglect of the Body[M]. SUNY Press,2009:p.44,p.44,pp.37–40,p.41.

③ 王亚娟. 梅洛－庞蒂与海德格尔之间"缺失的对话"[J]. 哲学动态，2014, 52（10）：43–52.

对"此在与存在之相互归属"的阐释中，也隐含着身体的维度：作为开端的归属从某种程度上是一种纯粹的经验，而这种纯粹的经验无法被后来附加于其上的内容阐释。在"此在与存在的相互归属"中始终存在着那样一个混沌之处：此在与存在是如何从开端而言相互归属的？如果试图在海德格尔的语境中试图解释，总会显得比较迂回且"玄妙"，或许可以鲁莽地说，这个问题可以用梅洛-庞蒂的方式来回答——知觉的肉身与世界本来就有同样的质料，此在的肉身本就是世界之褶皱，而世界是块织布，布与褶皱本就相互归属、互为表现。

　　从以上这些例子中可以见得，海德格尔对一些关键问题的阐释中暗含了（或顺含了）此在的身体性在世，而且如果将此在的身体性在世明确地阐释于很多模糊的问题中，或许这些问题会更加清楚。但海德格尔的确没有将这些关涉于"身体性的在世"的内容明确地付诸讨论。因而，此在的身体维度依然可以说是缺失的。这部分缺失的内容是梅洛-庞蒂主要探讨的内容。

　　由于身体问题直接地关联于空间，所以身体维度的缺失以及身体之角色的不明确，始终给海德格尔对空间的阐释蒙上一层"隔靴搔痒"的感觉。例如，从第二章对《存在与时间》中几种空间问题之间混乱关系的讨论就可以看出。首先，没有被提及的具身性空间似乎是此在的生存论空间的基础，且身体维度的缺失是此在的生存论空间能够被迂回且错误地归结于时间性的必要条件。其次，海德格尔后期对空间的阐释中，无论从"人与空间的关系从本质而言是一种栖居"来讲，还是从"空间的本质是作为位置的事物敞开一片地带"来讲，都始终缺失了对"人是如何栖居""人又是如何处身于这片由事物敞开的地带""栖居与处身的介质是什么"等问题的明言。缺失着的"介质"就是此在的身体，尚未明言的阐释就是此在如何通过拥有一个身体而直接地栖居和置身于世界与空间之中。

在这个意义上，虽然从《存在与时间》之后海德格尔就致力于将视角更多地放在对"在世界之中""在存在之中"的阐释上，同时致力于弱化由对此在之超越的侧重引起的向主体性形而上学的回溯。但这一努力尽管在诸多问题上成效颇丰，却依然未能顾及在"在世界之中"的最古老、最源始的维度——在一切理智性的前理解成形之前的身体意识。或许从这个角度而言，海德格尔对"在世存在"的分析并不那么彻底，或者说不像梅洛-庞蒂那样将对"在世存在"的阐释更彻底地"拉回地面"[①]。不知这一缺失是否与在海德格尔那里身体性与"沉沦"关联得过于紧密有关，尽管海德格尔并不认为非本真的"沉沦"是消极的。

但不得不承认，梅洛-庞蒂对身体问题的执着也有不全面之处，因为知觉意识和理智意识之间有一定的区别，知觉意识不代表全部意识，与知觉意识相关的"意义"不代表全部意义，只代表意义的一个"起始"方面。至少单从《知觉现象学》来看，虽然梅洛-庞蒂对身体意识的讨论将对"在世存在"以及"意义之生发"的阐释推至了更根源处，但与此同时，由于知觉经验中蕴含的意义再丰富也是静默的意义，所以，对言语经验、理智意识以及与之相关的更复杂的意义的阐释在某种程度上处于缺失。更进一步地说，哪怕在梅洛-庞蒂后期对"世界之肉"等概念的阐释中，对"意义如何生发"的阐释也没有海德格尔通过作为解蔽的真理所作出的阐释全面且深刻。梅洛-庞蒂对知觉意识与其他

[①] M.C.Dillon.Merleau-Ponty's Ontology[M].Indiana University Press,1988:p.35.

形式的意识与意义之间的衔接不能说多么连贯。例如，"事物是我身体的延伸，我的身体是事物的延伸"，以及"事物进入我们，而我们进入事物"①这两例梅洛－庞蒂的典型观点，虽然预先克服了超越论的主体，但关于"在可逆性之外，意义如何以循环的方式逐渐增厚"这个问题，却似乎难以推进到很远。而海德格尔通过将真理作为解蔽构造的解释学循环，则更好地阐释了意义如何无尽头地逐步加深，以及意义之网如何相互勾连。

　　总而言之，尽管"在世存在"的"起始"在于知觉性的存在，尽管一切意识的"起始"在于身体意识，但在这个原点之外还有很多更复杂的"故事"要讲。或者说，在"意义如何发生""意义又如何逐渐扩深"这个问题上，海德格尔与梅洛－庞蒂都遇到了"如何言说经验"的困难。海德格尔的困境在于如何将"存在之本质"与更加具体、更加根本、下降到知觉的前人格性经验相关联，而梅洛－庞蒂的困境在于如何从原始的知觉经验这一支点推演至更深的、"理智形态"的意识中去。这两种意义阐释的困境关联着空间阐释的两个相异且相连的层次，在这两个层次的相互补充中，对空间的阐释才能够得到更完整的表达。

---

① 莫里斯·梅洛－庞蒂. 可见的与不可见的 [M]. 罗国祥，译. 北京：商务印书馆，2008.

第二节　福柯对空间的阐释

一、福柯对海德格尔的继承与扩展

在 19 世纪和 20 世纪的社会理论与哲学研究中，空间一直处于缺席的状态，无论是在历史决定论中，还是在黑格尔、尼采、达尔文的论述中，空间一直被时间消解。[①] 直到 1970 年后，人与空间的互动被更为广泛且深入地带入视野。吉登斯、布迪厄、列斐伏尔等社会学家从不同的角度分析空间如何参与到社会结构的构成中，地理学概念和空间隐喻广泛地出现在他们对社会的分析中，这种趋势被称为社会理论的空间转向或地理学转向。

在后现代的空间转向中，福柯既可以说是代表性的人物，也可以说是发起者。1967 年，在《另类空间》这篇文章中，福柯首次谈到空间的异质性及其与文化和历史的关系。随后，在 1976 年的《权力的地理学》和 1982 年的《空间、知识、权力——福柯访谈录》中，福柯细致地阐释了权力与知识如何以空间为场域被逐步建构。不仅如此，在《古典时代的疯狂史》《规训与惩罚》以及《临床医学的诞生》等著作中，空间概念和空间

[①] Edward Soja.Postmodern Gergraphies : The Reassertion of Space in Critical Social Theory[M].London: Verso,1989.

隐喻都频繁地出现。监狱、医院、精神病院、疯人船等特殊的处所，作为权力和知识得以实施的场域参与到社会性地构造"边缘者"和"疯狂者"的过程中。可以说，福柯对空间的思考促发了后现代视域中的空间转向。

那么，福柯对空间的讨论以及后现代视域中的空间问题，从什么方面而言与海德格尔对空间的阐释具有连续性？在哪些方面继承了海德格尔，又在哪些方面对其进行了扩展？

首先，福柯对空间的思考总的来说不是以现代科学为视角。从福柯的思想特征而言，有一种解构且不建构的倾向，或者说，在"差异"与"同一"中，福柯所追寻的更多是"差异"，正是在对"差异"的追寻中，福柯才分析出"同一"是如何被建构的，以此来消解同一的幻象。因此，福柯对空间的思考是从空间的差异化方面入手。而且，福柯用来描述空间的一些词汇，如"并置""迁移""划分"等，也反映出"空间"并不是被思考为一个唯一的参照系，而是有其边界的、复数的，处于彼此的关系中。

其次，之所以能够将空间理解为彼此有别的，进而分析不同的场所与权力、知识、主体、历史等问题的交互关系，这一出发点本身已经暗含了福柯将空间理解为意义场域。只有将空间视为意义场域或意义得以产生的背景，才能够探究权力和知识如何在被空间构建的同时构建着空间，以及主体如何在空间中被塑造，事物又是如何在不同的处所中呈现出不同的样貌。可以说，在对空间的阐释中，虽然福柯并未明言，但各处有别的处所是被当作使事物、主体、权力、知识等在其中局域性地运转的容器，或者用海德格尔的术语来说，事物、主体、权力、知识等在不同的处所中以不同的方式被解蔽，围绕着处所而在关联中相互指引。从这个方面而言,福柯对处所的作用的阐释在很大程度上与海德格尔对空间的本质的阐释相吻合,可以被视为对空间的本质进行更加具体化的分析。

从以上两点而言,与海德格尔相同,福柯也是从"在世界之中"出发理解空间的,并且将世界理解为局域性的意义空间的相互交错。但区别在于,虽然海德格尔明确地将空间阐释为各自有别的意义场所,但并没有具体地对各种意义场所进行分析,也没有具体地分析各种场所是如何使其中的事物以处所为中心运转的,以及人的生活如何在各自有别的处所中展开。也就是说,海德格尔对处所的讨论更多地植根于处所之"本质"。虽然在对"本质"的阐释中难免会出现个别的例子,如作为一个处所的城邦如何发挥作用,神庙周围以及桥周围的空间如何以作为位置的事物为圆心敞开,但海德格尔并没有从个例与个例之间的区别与关联进一步地分析人与空间的关系。实际上,对于空间问题而言,从个例与个例的具体关联中可以更清晰地表明空间如何在生活中发挥效用,对这一问题的说明也能够更加具体地展现出,人如何栖居于空间以及空间在人的栖居中所扮演的角色。福柯正是从这一方面推进了对空间的分析。

二、福柯对异质空间的阐释

《另类的空间》可以视为福柯为空间"正名"的一个文本①。这个文本在福柯对空间的分析中极具代表性,浓缩了福柯如何思考空间,福柯感兴趣于哪类空间、感兴趣的原因,以及福柯将如何使用对这些另类空间的思考。

在《另类的空间》中,福柯简要地将空间的历史梳理为三个

---

① 米歇尔·福柯.另类空间 [J].王喆,译.世界哲学,2006,51(6):52-57.

主要阶段。第一个阶段是古希腊和中世纪的"定位（localisation）的空间"，定位的空间中各个场所聚合在等级秩序之内：神圣的或世俗的、开放的或暴露的；就连对宇宙论的阐释中，各个天体的位置也是在等级秩序中被整合为一个整体，每一个位置从整体的秩序中读取自身的意义。伽利略的"不确定的无限空间"将定位的空间中封闭的等级秩序打破，各具区别的场所被消解为运动中的"点"，"无限延展的空间"代替了定位的空间。而在福柯所处的时代中，无限延展的空间正逐步被一种"设置"（emplacement）的空间取代。在"设置的空间"这一阶段中，空间被视为由相邻的要素交错而成的序列、脉络或网络，作为序列和网络的空间反映着邻近性的关系如何被设置与分类，以及这些设置与分类有什么样的目的和效果。换言之，在福柯看来，我们这一时代的空间是以相互并置、相互对峙、彼此牵连的各个要素为基础被构建的。虽然这些要素之间的交互关系错综复杂，但空间表现着、反射着、贮存着它们之间的协作。

从空间的角色而言，福柯将我们的时代称为"共时的""并置的"时代，并认为在我们的时代中，遍布于空间的各种要素以及它们形形色色的分布方式比时间更具影响力，而时间只是分布于空间中的要素之一。在福柯看来，在现代科学的霸权之下，空间比时间更顽固地抵挡了绝对时间与绝对空间这类概念中的"去神圣化"和"去差异化"。虽然现代人已经惯于将时间思考为均匀延续的数列、将空间思考为不动的、无限的容器，且认为时间和空间独立于人，但在日常生活中，时间比空间更易于被计量，场所的差异性却不易被抹消，差异性与神圣性始终隐秘地运行于场所的区分之中。在私人空间与公共空间、家庭空间与社会空间、文化空间与实用空间等对立的空间模式中，空间被差异性贯穿，并在差异性中被割分为多种层次，这些多种多样的层次及其纷繁的组合方式构建着生活的不同维度。无论在社会生活中还是在个人生活中，我们都不断地碰触着不同模式的空间所划分的边界。

在福柯看来，显然，如果要对空间的不同模式、差异性以及效用进行分析，首先就不能用将这些差异的模式总结在同一个规律中这种方式。但同时，对于"空间"这种具有异质性的研究对象而言，逐一地列举和分析不同的场所也是不现实的。因此，福柯选择了某种特殊的空间类型，并试图从这种特殊的空间类型入手探入差异性的空间。

这种特殊的空间类型被福柯称作"异托邦"（heterotopias）。①"异托邦"这个词是对"乌托邦"的改写。乌托邦作为一个幻想中的空间，往往与社会的现实空间不同，是对理想性的社会生活的一种投射，但这种投射必然植根于且反映着现实的社会生活是如何运行的。也就是说，乌托邦与现实的社会生活有一种类似于倒置的类比关系，乌托邦作为一个与现实相异的、不在任何一处的虚拟空间，反射着真实空间的现状。但乌托邦终究是不存在于任何一处的，而福柯研究的是社会生活中真实存在的外部空间，因此，乌托邦作为一个思想中介被引入。而福柯真正的分析对象是真实存在的、有着类似于乌托邦功能的具体场所。福柯认为，这些特殊的具体场所作为众多场所中的一部分与所有场所处于关联之中，但同时关联的方式又有别于一般，或者说与一般的关联方式相矛盾，场所之间关系的运转似乎在异托邦这里遇到了停顿，这些特殊的场所以将关系悬搁的方式反映着关系本身，将其中立

---

① 米歇尔·福柯.另类空间 [J]. 王喆，译.世界哲学，51（6）：52-57.

化，或干脆倒置。在这个意义上，异托邦作为真实存在的另类空间，仿佛是被有效实施了的乌托邦，像一个局部的"不协调音"一样，反射着其他空间以什么样的逻辑严丝合缝地运转。

在福柯看来，虽然每一种在规律中运转的文化都会有一系列按规则运转的场所，因而也必然会相应地产生另类于主流规则的场所，这些真实存在着的另类空间数量众多且五花八门，但这些另类的空间还是有一些可以被归纳的特质。福柯将另类空间的特质归纳为以下六个原理：

第一个原理探究的是另类空间的偏离性以及这种偏离性对"常规"与"边缘"的塑造。在偏离性的另类空间中，处于另类空间中的人在某些方面偏离了常规的标准与规范。如疗养院作为偏离了"健康"的场所、精神病院作为偏离了"理性"的场所、监狱作为偏离了"行为规范"的场所、养老院作为偏离了"工作状态"的场所。这些偏离性的场所拼凑出什么被规定为"常规的"，即那些健康的、理性的、遵守行为规范的、能够工作的人们。在这个意义上，另类空间安置"边缘"的群体，在将"边缘者"安置在不同的场所的同时，将"何为常规"固定下来。以这种方式，另类空间塑造主体对身份的认同、叠加与断裂。

第二个原理研究另类空间与其所处的时代以及文化环境的关联性。另类空间不仅以差异性的方式运作在被同一个时代并置的空间中，同一个另类空间在历史的变迁中也有不同的功能和运作方式。福柯以墓地为例，说明了这条原理：墓地在西方文化中一直是具有特殊性的场所，但在文化的变迁中墓地所象征的内容发生了根本性的转变。在18世纪，墓地处于城市的中心地带，墓地紧挨着教堂，可以被视为某种具有神圣性的、与灵魂的复活相关联的空间。将墓地紧挨着教堂，与基督教文化中对灵魂、身体和死亡的理解直接地相关。但随着无神论色彩渐浓，灵魂复活的信念渐弱，与墓地关联的意向从"再生"变为"彻底的死亡"。从"彻底的死亡"这一观念而来，人们开始惧怕死亡，死亡从不需惧怕的"复活之起始"变为彻底的灰飞烟灭。墓地因而成了一个带有禁忌色彩的场所，墓地中所安放的棺椁从步入天堂的枢纽变为曾经存在于世间的最后痕迹。与此同时，墓地从城市的中心地带移至城市的边缘，不再相信灵魂复活的人们在熙熙攘攘的日常生活之外，安置与世无关的长眠者。

在这一系列的转变中，叠加在"墓地"这种特殊场所上的是不同的文化空间，可以视为在同一类场所的内部发生了文化迁移。同样的空间在不同的文化背景中不是同质的，在同一个场所中贮存着文化变迁带来的异质性。对第二个原理的阐释中，蕴含着福柯对"同质性"思想史的批判，思想史总是预设了被研究的对象是同质或同一的，但实际上对象所指向的内容已经在与其他关系项的牵连中游走，因而被研究的对象或许已经不是"同一个"。从这个角度而言，在同一个空间内部发生的异质性意涵表征着这处空间历经的每一个时代的痕迹，特殊的空间作为一个关系场连接着不同时代并在空间自身的历史中将各个时代并置，同时，也将每个时代的文化、宗教、政治、经济等主题并置。

第三个原理是，几个不相协调的异质空间有可能被并置于同一个真实场所的周围。以花园为例，在波斯，花园被建造成微缩中的世界。花园的四个角代表世界的四个方位，花园的中心被视为比四方更神圣的世界核心。以这种方式，花园这个场所作为世界的模型融合着世界的各个部分，各个部分指向不同的意义。福柯认为，地毯上的图案最初就是以这种花园为原型，因而在地毯的绘图中也有一个微缩的世界。花园和地毯的设计方式表现着人类对制造和还原世界图景的愿望，在对花园和地毯的观望中，人类仿佛置身于世界这一整体之外来端详世界的各个部分如何同时出现在一起①。花园和地毯等异质空间表现着人类对世界的表象。

第四个原理探究另类空间与另类时间的关联。另类空间中往往包含着与传统意义上的线性时间不同的时间。例如，在墓地这一另类空间中陈列着的是时间的停摆，时间在终止的意义上实现了永恒，线性时间在墓地中仿佛不再运行。在图书馆和博物馆这类另类空间中，无限的时间被堆积于其中，人们在特定的空间中将时间并置在一起，线性的时间被划分于数个区域，而图书馆和博物馆本身作为陈列时间的场所，则仿佛处在线性的时间之外并不断地将行走的时间吞纳。福柯认为，这种收纳时间的另类空间反映了现代性的特征：对时间的积累、梳理与占有，对永恒与无限的追求，因而是 19 世纪西方文化特有的另类空间。还有另一种与时间相关的另类空间，与之匹配的不是对时间的积累与占有，而是时间的多变、短暂与周期性的一面，如露天集会、巡回演出、节日表演等。这些另类空间中的时间与线性时间的均匀延续不同，具有一种"爆破感"和狂欢特征。亦如海德格尔将节日称为时间的绽放②，在这些与节日相关的空间中，弥漫着狄奥尼索斯的色彩，人们周期性地短暂异位于日常的生活，常规的秩序周期性地被搁置或颠倒，而这种搁置或颠倒发生于特定的场所中，这些场所的搭建本身为时间的绽放而服务。

---

① 张锦 . 福柯的"异托邦"思想研究 [M]. 北京：北京大学出版社，2016.
② 马丁·海德格尔 . 荷尔德林诗的阐释 [M]. 孙周兴，译 . 北京：商务印书馆，2000：54.

　　第五个原理关涉于另类空间内部通常预设的由开放与封闭组成的系统。有些另类的空间是不能自由进出的空间，如兵役和监狱这类被迫进入的空间，以及穆斯林的斋浴等净化活动的空间，这类空间是需要特定的允许才能进入的空间。还有一些看似开放实则隐含着排斥的空间，如巴西和南美洲的农场里外宿者的卧室并不通向家用的起居室，这一空间设置将公共的空间分割为不同的层次区域。又如开放在公共视线之下的汽车旅馆本身作为一个私密性的场所，在这类由开放与封闭组成的空间系统中，虽然各个空间的边界或许并未被明言地划出，但这些边界真实地发挥作用，开放区与禁区的界限以默会的方式在场。但这些默会中的界限并没有使开放与禁忌相互独立地存在，而是在相互渗透中共同勾勒出作为整体的另类空间。换言之，这些开放与封闭并存的空间，因其内含的冲突区域以及冲突区域间的"通道"而有特点和生机。

　　第六个原理是，另类的空间总是与其余的空间相关联并对它们发挥作用。这类功能在两个极端上分布。第一个极端是，另类空间作为一种排斥其他空间的"幻觉空间"，也就是说，在这一类另类空间中产生着"不在真实的世界中"的幻觉效果。而另一个极端则是对现存的秩序进行更加完善的复制。

　　从福柯对另类空间的分析来看，他是以一种"异质拓扑学"（heterotopology）的方式探究空间。① 具体而言，福柯感兴趣的是常规空间的裂隙，即一种既与一系列的常规空间相连，又与它们不同且反射着常规空间的运作方式的异位空间。② 这些异位空

---

① 张锦 . 福柯的"异托邦"思想研究 [M]. 北京：北京大学出版社，2016：132.
② 张锦 . 福柯的"异托邦"思想研究 [M]. 北京：北京大学出版社，2016：127.

间从来就不是作为独立的对象被探究的，而是始终与其他空间处于拓扑学式的、网状的关联中，以此形成"常规"与"裂隙"的相互投射。对另类空间的分析出现在福柯对权力、历史、知识等问题作专题研究的著作中，在这个意义上，福柯修正了对这些问题的传统探究中空间的缺席。

　　这种异质拓扑学的方式出现在福柯对很多其他问题的探究中，将空间与其他问题域相关联。如在《规训与惩罚》中，福柯以边沁的圆形监狱为例分析资本主义的规训与监视如何以空间的模式运行。监狱被建筑成以环形为圆周、以中间的塔楼为核心的样态，塔楼的窗户可以窥见每一个单元中的囚徒，而囚徒不能看见塔楼中是否有人在观看。以这种方式，空间的设置参与到权力的运作中来，在以权力为机制被设计的空间中身体被规训[①]。这种建筑的方式被称为"全景敞视"。监狱是全景敞视的一个极端例子，由这个例子出发推至学校、医院、工厂、军营等更具普遍性的场所，身体以类似的方式被规训、主体以类似的方式在空间与权力的交织中"进入角色"，被空间塑造。又如，在《古典时代的疯狂史》中，通过对疯人船这一既封闭又开放的"流放式"场所的分析，福柯探究了"疯癫"这一疾病如何被逐步地构造并确定下来。空间如何作为知识与权力的实施场域参与到知识的建构与权力的施加中，知识又如何在对空间的构造中成为权力的一种形式、成为散播权力的过程[②]，以及在对历史主义的分析中，福柯强调空间在历史学研究中被忽视的意义，认为在以往的历史研究

---

① 米歇尔·福柯.规训与惩罚：监狱的诞生 [M].刘北成，杨远婴，译.北京：生活·读书·新知三联书店，2003：219-258.

② 米歇尔·福柯.权力的眼睛：福柯访谈录 [A].严锋，译.上海：上海人民出版社，1997：205.

中，空间往往被视为"死亡的、固定的、非辩证的、不动的。相反，时间代表了富足、丰饶、生命和辩证"，因此，对于持有目的论和进化论历史观的人而言，用空间谈论历史似乎就有了"反历史的味道"，仿佛这种谈论"对时间充满敌意"①。然而，以线性时间的方式写就的历史在其矢量性、单向度的叙述模式中，往往忽视了历史真实的生发过程，这些更具真实性的历史在并置的空间中蔓延。在线性时间的历史叙述中沉淀到不可见处的偶然性和多样的可能性被贮存在各个局部的地域之中，这些地域自身的历史更加真实地还原了事件细微的样貌。②

在以上这些对空间的侧重中，空间不再被视为"死亡的、固定的、非辩证的、不动的"，而是被视为探究权力关系的运作、知识范式的产生与确立、主体如何被权力和知识建构的重要场域。可以说，对空间的拓扑分类以及这种寻找"裂缝"的方法说，是福柯方法论的核心。在《词与物》的前言中，"异质空间"这个词第一次出现，福柯对它的引入和分析可以被视为对其研究方法的暗示性介绍。据福柯所言，《词与物》一书诞生于对博尔赫斯的《中国式百科全书》中一则对动物分类的阅读："1. 属于皇帝所有的；2. 有芬芳的香味；3. 驯顺的；4. 乳猪；5. 鳗鲡；6. 传说中的；7. 自由走动的狗；8. 包括在目前分类中的；9. 发疯似的狂躁不安的；10. 数不清的；11. 浑身有十分精致的骆驼毛刷的毛；12. 等等；13. 刚刚打破水罐的；14. 远看像苍蝇的。"③在福柯看

---

① 米歇尔·福柯. 权力的眼睛：福柯访谈录 [A]. 严锋，译. 上海：上海人民出版社，1997：206.

② 包亚明. 后现代性与地理学的政治 [C]. 上海：上海教育出版社，2001：139.

③ 米歇尔·福柯. 词与物：人文科学考古学（前言）[M]. 莫伟民，译. 上海：上海三联书店，2001：1.

来，这则奇异的动物分类动摇了我们的思想所熟悉的秩序。这则分类真正的混乱之处并不在于其中某几项的内容不知所云，也不在于分类中的各部分仿佛互不相干，而在于除了这张写着此分类的纸以外，并没有一个能够将这些内容并置在一起的场基。也就是说，在这则分类中真正缺失的是把这些事项放在同一个空间中而不将其他事项放在这个空间中的分类基准，而我们的思维正是按照对同一与差异的分类，使事物秩序井然。分类的方式被福柯视为"沉默的基础"和"最不引人注目却最坚决的东西"①，我们的整个生活按照同与异的方式、分门别类的思维秩序被编码。但在福柯看来，这种为事物进行编码的思维秩序不仅不是先验的，而且或许没有比它更具经验性和探索性的东西。② 虽然我们在一种历史先天性之中习得了一系列我们所处时代特有的文化基本代码，如实践秩序、价值、知觉框架等，并从这一系列编码中习得了将事物分门别类的方式，但经验的秩序绝非必然如此，而是充满了历史性和偶然因素。

　　这则奇异的动物分类展现出的正是事物在编码之前的样子，它指向着一个更大的无序：事物本身的混乱。也就是说，从裂缝之中我们看到的是秩序建基于无序，进而言之，秩序只是局部的秩序，而不是完备的秩序，已经建成的秩序在更大的无序中游离，游离至其他时代，在不同的知识型中呈现出不同的样貌。在这一思路之下，福柯探索秩序的合理性形式是如何建成的，对合理性形式的探索主要有三个目的：其一，分析各类秩序如何形成，又

① 米歇尔·福柯. 词与物：人文科学考古学 [M]. 莫伟民，译. 上海：上海三联书店，2001：13.
② 米歇尔·福柯. 词与物：人文科学考古学 [M]. 莫伟民，译. 上海：上海三联书店，2001：6.

如何被习以为常地运用；其二，解构对现存秩序之完备性、必然性与恒常性的幻觉；其三，在前两项的基础之上，分析秩序的其他形式和其他可能性。正是在这些导向之下，福柯将目光投向异质空间，方法论上的"异质空间"并不必然是"场所"意义上的"空间"，也可以是抽象的场域，如《词与物》中那则奇异的动物分类视为一个异质空间，因其"秘密地损害了语言""事先摧毁了句法"[①]，因而使我们能够从一个裂隙中、从经验的被毁坏处探问经验本身。福柯所选用的其他异质空间，如《另类的空间》中所谈到的，以及疯人船、监狱等意向，都作为经验的裂隙发挥着类似的作用。它们作为一个中间区域，将当下的思维秩序与其他形式的可能性连接在一起。福柯对空间的探究亦是通过对"裂隙"进行分析来探究"常规"是如何可能的，那些与"常规"相关的空间经验建立在哪些运作之上，并从这些分析而来探问到被我们经验着的"空间"从来就不是独立的，也没有一种不关涉其他事项的"空间经验"。在这一视角下，甚至无须刻意解构无限延展的空间并不是"唯一真实的空间"。同时，被海德格尔融化在"空间的本质"下的多样性与在"诸空间""诸地带"这种表述中尚未明言的组合性，也被纳入论说之内。

从以上的分析中可以看出，对福柯而言，空间作为历史、权力、知识、主体交织运作的场域，始终植根于作为意义场域的世界，各处有别的处所在相互指引中织就一张纷繁的意义网络，这个意义网络就是世界本身。换言之，对福柯而言，世界以及世界中的事项更多的是以拓扑学、空间化的方式被建构、被分裂，在

[①] 米歇尔·福柯. 词与物：人文科学考古学[M]. 莫伟民，译. 上海：上海三联书店，2001：4.

共时性的相互对峙和彼此牵连中被重新组合，而不是以时间性和历史性的方式单向地延续。在西方哲学一贯的传统中，时间与空间总是交织在一起，并且似乎存在着结构上的冲突。在冲突之中一方总是被归结于另一方，以此求得完满的解释，如黑格尔、柏格森和海德格尔用时间阐释空间。福柯在某种程度上也处于这种倾向中，但对其做了颠倒，认为空间并非站在概念与固化这一边，而是站在动态与生成这一边。与海德格尔有所不同的另一个主要方面是，海德格尔将此在这一特殊的主体作为意义的解蔽者，空间以及事物的意义经由此在这一必要的枢纽才能够被理解；在福柯看来，并不是主体赋予权力、知识、历史和空间等内容以意义，而是主体在这些事项的相互关系中被生成、塑造、叠加、断裂。具体到关于空间的问题，海德格尔主要回答的是空间如何从"存在的意义"中得其本质。换言之，空间如何围绕着人的解蔽活动有意义地敞开，而福柯主要回答的是人如何被空间塑造、在空间中交织着哪些相互关系、它们如何在空间中被表征，以及它们以空间为场域的交织对主体有哪些影响，这些影响的代价和合理性形式是什么，以及这些在空间中现存的固定秩序有哪些可能性的出口。在对这些问题的回答中，福柯将"栖居"拆解成多样的形式，在裂隙、断裂与差异中，在偏离日常的隐喻之上，主体在空间的不同层次间漂流。

结　语

　　海德格尔的整个哲学追问的是意义及其来源。时间、空间、世界、此在、事物等海德格尔悉心讨论过的内容，都是在对"意义"的追问中展开的。或许可以这样说，在海德格尔对这些问题的讨论中，他所关心的从来不是这些内容的"实在性"是什么，以及它们可能有何种能够被确定的属性，他所关心的"在场"并不是事项对感觉器官的物理性在场，而是事项对"意义之理解"的在场。

　　对意义的追问将海德格尔整个哲学的关注点放置在了"意义如何解蔽"这个问题上，"有意义的显现之解蔽"成为贯穿始终的问题，作为解蔽的真理因而是海德格尔所讨论的所有问题的核心，其他问题以作为解蔽的真理为背景而呈现。而"解蔽"向来发生于意义的关联中——没有哪个"径自"解蔽了的事项，说到"解蔽"，就已提供出一片让诸种现象在差异与关联中得以敞开的场域，并提供出理解和领会着诸事项的特殊存在者。因此，每一个关联着"解蔽"而被讨论的问题都不是独立的部分，它们始终互相牵系，在由牵系所构成的意义关联中寻获自身的位置（topos），在对其他"位置"的关涉中显现自身之所"是"。关于"空间"的问题亦如此。

　　以上这一大体上的倾向适用于海德格尔从早期到后期的运思，但在这一整体背景之下，海德格尔的哲学中发生着接续性的转向。在转向中，"真理问题"也有自身的不同阶段，关于空间的问题，随着真理问题的逐渐深入得到扩深。

　　在《存在与时间》中，海德格尔关注的主要是事物的可理解性如何可能、事物对人类而言如何有意义地在场。在这一追问之下，以此在为中心的超越论试图回答的是"事物如何解蔽"这个问题。但以此在及其时间性为中心的超越论能够解答的是"我们如何看向在世界之中与我们相遇的事物并将它们解蔽"这个问题，在海德格尔看来，对这个问题的回答并未将"我们究竟缘何能够与事物相遇"这个关于"解蔽如何发生"的问题推至最根源处，反倒将此在的时间性设置为使解蔽经验得以发生的前提，并将一切意义归结到此在的时间性之上，事物、空间、世界等事项的自身显现有被缩窄为这些事项对此在显现的危险。

　　《存在与时间》的局限性将海德格尔更确切地引向了他的关键问题：可理解性的终极来源是什么。在这一追问中，海德格尔探求的是使事物之解蔽得以发生的场域本身是如何敞开的。在这一转向中，运行着对两种不同层次的"解蔽"之追问：《存在与时间》中的"解蔽"关涉具体事物与此在，具体事物与此在的解蔽是"存在"之显现的结果；后期的"解蔽"关涉"存在"自身的来源，是《存在与时间》中的"解蔽"的隐蔽且终极的根源。正是后一层"解蔽"将追问引至"敞开域"，作为真理的本质的"敞开域"继而将海德格尔引向"存在的地形学"——对在先敞开的使事物得以显现的意义场域的追问。这个在先敞开的意义场域是一切形而上学意义上，以及《存在与时间》意义上的"理解"的可能性条件，通过"存在的地形学"，海德格尔的追问探入"形而上学的根据"这一亚里士多德和胡塞尔并未深入的问题。
而对"场域"的追问，无论是抽象的意义场域还是切实的意义场
域，都从根本上具有拓扑学性质，因而无法迈过空间性。在这个
意义上，甚至无法抛却空间性而去讨论"世界"这一意义场域的
敞开。无法迈过的"空间性"指的不是客观空间的某种属性，而
是那种在存在论的意义上使场域为自身划定边界、在边界中聚集
事物、使事物围绕着作为整体的场域步入显现的意义环围。"敞
开域"的开敞优先于此在的筹划对事物之解蔽，此在被抛于先敞
开的意义场域中进而组建操劳活动的空间，此在对空间的组建依
赖于此在对在先敞开的处境的依寓。在对"敞开域"的阐释中，
空间的本质（空间化）被思考为将敞开域开放出来的东西，"空
间"因而更直接地关联于真理的本质。事物、空间、自然等维度
因脱离了被此在的时间性筹划的桎梏，指向了存在的本现和真理
的遮蔽之维。

可以说，对海德格尔而言，"空间"的本质始终不在那个作
为唯一且不动的参照系的"space"之中，我们平常所说的"空
间"是将意义场域表象为框架，而这一被表象的框架并非使空间
成为空间的东西。使空间成为空间的东西是"敞开"的发生及其
效果，而"空间"是这一效果的代名词。"敞开"始终是关于意
义的，其效果便是意义之间复杂的、交相呈现的关联。因此，无
论是《存在与时间》中还是后期，对空间的讨论始终关于空间如
何被意义解蔽，以及空间如何参与到其他事项的解蔽过程中：事
物之显现、人对事物的领会，使空间在意义中显现，同时，空间
化所敞开的意义场域为事物之解蔽和人在世界中的栖居提供了场
所。从这一背景而言，无论空间是否被此在所组建，空间都并非
独立于人——空间关涉作为解蔽的真理，而作为解蔽的真理需要

人的参与。海德格尔对空间的阐释在这层意义上是笛卡尔的反面，笛卡尔的空间阐释将一切精神性的内容排除在外，而对于海德格尔来说并没有什么比有意义的在场更加真切。

不仅关于空间的问题在海德格尔这里以"意义的拓扑学"方式展开，海德格尔的哲学从更根本的层次而言也具有拓扑学倾向。对意义的讨论总是试图挖掘出在已有的讨论中尚未直接呈现的意义、试图挖掘是什么将已有的讨论给出同时又隐而不现。这使得海德格尔始终在追问着使意义得以生发的场域：无论是《存在与时间》中的作为疏明的此在与被此在所超越的世界，还是后期作为天地神人共筑的圆环区间的四重整体、世界与大地的张力开启的显明与遮蔽之维、作为空间的时间化与时间的空间化的ereignis 等，都试图将隐没在可见的意义关联之下的源初场域勾画出来。从这一贯穿始终的倾向而言，对"place"的追问之于海德格尔而言至关重要：是逃离传统形而上学的"物我相隔"的路径、是超越胡塞尔将世界作为意识的构造对象的路径、是克服在尼采的权力意志和"上帝已死"中达到顶端的虚无主义的路径。被遗忘的究其根源并非"存在本身"，而是作为存在之来源的源初场域，这一场域就其自身而言，总有锁闭之维而不可全然超越；就每一个个体而言，其所能够探求的部分亦被特定时空中的被抛所限。思想生发于这一场域，思想向这一场域折返。在折返的过程中，"人"这种特殊的存在者找回自身在存在者整体中的恰切位置——作为有限的、作为栖居于坚实土地之上的。这或许就是海德格尔意义上的"怀乡"。

海德格尔从作为解蔽的真理出发，将"空间"溯回到意义场域的路线，对梅洛-庞蒂和福柯有相当重要的启示。但虽然梅洛-庞蒂和福柯都植根于作为意义场域的世界谈论关于空间的问题，并将"空间"视为处境性的意义环围,他们谈论空间的方式却与海德格尔颇有不同之处。就海德格尔而言,无论是《存在与时间》中对空间如何被组建和理解的阐释,还是后期对被置于"存在之源初场域"的问题域中的"源初空间"的进一步探询,海德格尔所言及的都是关于空间的"本质问题"。之所以说海德格尔谈论的是关于空间之本质的问题,是因为从根本而言,对空间的阐释是在一个更大的问题域——关于根源的问题——中被抛出的。尽管关于根源问题涵盖了作为给出者的意义场域与作为被给出者的诸事物、诸空间共同构成的意义整体,且对这一意义整体的阐释必然会涉及从局部勾勒整体、用整体阐释局部的解释学圆环,但其中对"局部"的阐论(如对桥、神庙、壶等事物如何敞开空间的分析)是为了阐释"从我们对空间的经验而来,空间的本质因素是什么"而服务的。在这一背景下,空间、事物与作为主体的此在之间的无穷意蕴中,很多更细微和具体的问题并没有在对"本质因素"的阐论中出现。然而,这些更加"细枝末节"的意义关联对理解空间而言同样非常重要。

梅洛-庞蒂和福柯对空间的阐释在某些角度上可以视为在"空间的本质"的视角之下补其空白。在《知觉现象学》的前言中,梅洛-庞蒂曾批判海德格尔的现象学中有"从存在的事实转向存在的本质"的倾向。在梅洛-庞蒂看来,虽然现象学一贯被认为是一种"确定本质"的方法,且我们确乎是经由某种本质而理解源初的现象,但"本质"本身不应被视为目的,而应该被视为探索现象的手段,来将我们引向想要理解的具体内容上。或者借用梅洛-庞蒂的比喻:"本质"更像是一张渔网,我们抛出这张渔网是为了"从海洋深处带回活蹦乱跳的鱼类和藻类",而不是将目光更多地投向渔网本身。在这个意义上,梅洛-庞蒂对诸种具身性空间的具体分析，福柯对诸多异质性的外部空间及其与权力、知识、主体的交互关系所做的阐释，均可以视为将对空间与意义的分析从本质性释放到实践性。在这一进路中，通过身体意识的空间化、历史、权力与知识的空间化，"空间"不仅作为被阐释的主题，而且更多的是作为思考意义的方式本身。但这并不是说梅洛-庞蒂和福柯对空间的阐释与海德格尔相比更加"进步"了，或者说在梅洛-庞蒂和福柯之后海德格尔对空间的阐释可以被遮盖了，海德格尔对空间的阐释始终是这些具体问题的"前言"，在对"前言"的回溯中，具体的问题得以现其形貌。

　　然而，梅洛-庞蒂和福柯具体到身体实践与社会生活的空间阐释是否囊括了对空间的具体经验之全貌？与空间的本质因素相比，似乎身体经验与主体对异质空间的经验已经足够具体，甚至有些私人化的倾向。但从"经验与意义"的角度而言，却似乎仍有些言而未尽之感。那仿佛依然处于界限之外的东西是什么？或许可以鲁莽地说，是对空间的私人经验以及这些私人经验在时间中的延异。诚然，强势的作者猎取世相之本质，并对私人性保持着必要的警觉。然而，我们或许可以区分两种意义上的"私人性"：故作新词强说愁的自怜之态——这种"私人性"和在猎取本质的过程中必经的"私人性"。在后一种"私人性"中，曾隐藏在幻象之下的切身之物，在时光中褪其掩蔽、在交错的场所中来回往复。切身之物在记忆中的重现，将过去之所处投射到当下的时空中，并以一种尚未出现过的方式，使曾经熟悉的场所如其本然地呈现。我们总是需要等待一段时间，来让这一类特殊的"解蔽"发生。有别于生存论意义上无时无刻不在发生着的"解蔽行为"，这类特殊的"解蔽"在其偶然性和强制性上类似于畏的瞬间：突然袭来且似乎带有某种强迫性的意味——使我们感到或许确有必要将切身之物及其指向的其他符号剖析清楚，因为这些在时空中延异的符号将我们牵向的不只是简单的联想，而是时间与处所的意义本身。而所谓"切身之物"（如《追忆似水年华》中贡布雷的三座钟楼之于主人公马塞尔）必然是私人性的，在这个意义上不同的主体面向不同的"切身之物"，并在对不同切身之物的阐释中被带向"本质"之启示，进而从本质的启示中折返去理解其他难解的事项，因而对本质的寻求中总已牵涉了私人性的过程，且正是这些过程将具有启示性的意义带来（但这并非对海德格尔的诟病，而是更多地关涉哲学自身可说与不可说的界限）。也是在这个角度上，作为解蔽的真理与时间和空间有着本质性的关联：重释性的事件一个卷入另一个、从一个时刻到另一个时刻、从一个处所到另一个处所、一些符号让位给另一些，这些重释性事件及其时间与处所作为我们理解世界的材料，共同织就了对时空的经验、将时间与空间交织于变动与增厚的意义循环中。

参考文献

一、中文专著文献

[1] 吴国盛.希腊空间概念[M].北京:中国人民大学出版社,2010.

[2] 戴维·林德伯格.西方科学的起源[M].张卜天,译.北京:商务印书馆,2001.

[3] 亚里士多德.物理学[M].徐开来,译.北京:中国人民大学出版社,1996.

[4] 陈嘉映.哲学·科学·常识[M].北京:中信出版社,2018.

[5] 亚历山大·柯瓦雷.从封闭世界到无限宇宙[M].张卜天,译.北京:商务印书馆,2016.

[6] 库恩.科学中的革命[M].北京:商务印书馆,1999.

[7] 埃德温·阿瑟·伯特.近代物理科学的形而上学基础[M].张卜天,译.长沙:湖南科学技术出版社,2012.

[8] 马丁·海德格尔.存在与时间[M].陈嘉映,王庆节,译.北京:生活·读书·新知三联书店,2014.

[9] 张旭.礼物[M].北京:北京大学出版社,2013.

[10] 陈嘉映.存在与时间读本[M].桂林:广西师范大学出版社,2019.

[11] 休伯特·L.德雷福斯.在世:评海德格尔的《存在与时间》第一篇[M].朱松峰,译.杭州:浙江大学出版社,2018.

[12] 陈嘉映.海德格尔哲学概论[M].北京:商务印书馆,2014.

[13] 波尔特.存在的急迫:论海德格尔的《对哲学的献文》[M].张志和,译.上海:上海书店出版社,2009.

[14] 伊曼努尔·康德.纯粹理性批判:第2版[M].韦卓民,译.武汉:华中师范大学出版社,2000.

[15] 马丁·海德格尔.海德格尔选集[A].孙周兴,译.上海:上海三联书店,1996.

[16] 刘胜利.身体、空间与科学[M].南京:江苏人民出版社,2014.

[17] 韩潮. 海德格尔与伦理学问题 [M]. 上海：同济大学出版社，2007.

[18] 皮埃尔·阿多. 伊西斯的面纱：自然的观念史随笔：第 2 版 [M]. 张卜天，译. 上海：华东师范大学出版社，2019.

[19] 马丁·海德格尔. 演讲与论文集 [A]. 孙周兴，译. 北京：生活·读书·新知三联书店，2005.

[20] 罗兰·巴特. 恋人絮语：一个解构主义的文本 [M]. 汪耀进，译. 上海：上海人民出版社，2009.

[21] 康德. 任何一种能够作为科学出现的未来形而上学导论 [M]. 庞景仁，译. 北京：商务印书馆，1978 年.

[22] 胡塞尔. 纯粹现象学通论：第 1 卷 [M]. 北京：商务印书馆，1997.

[23] 马丁·海德格尔. 路标 [A]. 孙周兴，译. 北京：商务印书馆，2000.

[24] 马丁·海德格尔. 讨论班 [A]. 王志宏，石磊，译. 北京：商务印书馆，2018.

[25] 马丁·海德格尔. 面向思的事情 [A]. 孙周兴，译. 北京：商务印书馆，2014：40.

[26] 马丁·克劳斯·黑尔德. 生活世界现象学 [M]. 倪梁康，等译. 生活·读书·新知三联书店，2003.

[27] 马丁·海德格尔. 海德格尔文集：林中路 [A]. 孙周兴，译. 北京：商务印书馆，2015.

[28] 马丁·海德格尔. 巴门尼德 [M]. 朱清华，译. 北京：商务印书馆，2018.

[29] 马丁·海德格尔. 物的追问：康德关于先验原理的学说 [M]. 赵卫国，译. 上海：上海译文出版社，2010.

[30] 巴门尼德. 巴门尼德著作残篇 [M]. 李静滢，译. 桂林：广西师范大学出版社，2011.

[31] 杜小真，刘哲. 理解梅洛－庞蒂：梅洛－庞蒂在当代 [C]. 北京：北京大学出版社，2011.

[32] 莫里斯·梅洛－庞蒂. 知觉的首要地位及其哲学结论 [M]. 王东亮，译. 北京：生活·读书·新知三联书店，2002.

[33] 杨大春. 杨大春讲梅洛－庞蒂 [M]. 北京：北京大学出版社，2005.

[34] 叶秀山.苏格拉底及其哲学思想 [M].人民出版社，2007.

[35] 杨大春.语言 身体 他者：当代法国哲学的三大主题 [M].北京：生活·读
书·新知三联书店，2007.

[36] 莫里斯·梅洛－庞蒂.可见的与不可见的 [M].罗国祥，译.商务印书
馆，2008.

[37] 张锦.福柯的"异托邦"思想研究 [M].北京：北京大学出版社，2016.

[38] 马丁·海德格尔.荷尔德林诗的阐释 [M].孙周兴，译.北京：商务印书
馆，2000.

[39] 米歇尔·福柯.规训与惩罚：监狱的诞生 [M].刘北成，杨远婴，译.北
京：生活·读书·新知三联书店，2003.

[40] 米歇尔·福柯.权力的眼睛：福柯访谈录 [A].严锋，译.上海：上海人
民出版社，1997.

[41] 包亚明.后现代性与地理学的政治 [C].上海：上海教育出版社，2001.

[42] 米歇尔·福柯.词与物：人文科学考古学 [M].莫伟民，译.上海：上海
三联书店，2001.

二、英文专著文献

[1] Bostock D. Space, Time, Matterand Form: Essays on Aristotle's
Physics[M]. Oxford: Clarendon Press, 2006.

[2] Sambursky . The Physical World of the Greeks[M]. Princeton University
Press, 1956.

[3] Anagnostopoulos, Georgios,edited. A Companion to Aristotle[C]. Wiley–
Blackwell,2009.

[4] Thomas Sheehan. Making sense of Heidegger:a paradigm shift[M]. London:
Rowman & Littlefield International Ltd,2015.

[5] Morison B. On Location: Aristotle's Concept of Place[M]. Oxford:
Clarendon Press, 2002.

[6] Galileo Galilei. Dialogue Concerning the Two Chief World Systems[M].
Ptolemaic and copernican,Second Revised edition. California: University of

California Press.

[7] Heidegger.The Basic Problems of Phenomenology[M].Trans:Albert Hofstadter.Indiana University Press,1982.

[8] Bernard Williams. Descartes: A Project of pure Inquiry[M]. London & New York: Routledge, 2005.

[9] Jeff Malpas. Heidegger's Topology: Being, Place, World (A Bradford Book) [M]. The MIT Press.

[10] Hubert L. Dreyfus and Harrison Hall (eds.), Heidegger: A Critical Reader [C]. Oxford: Blackwell, 1992.

[11] David R Cerbone. Heidegger on space and spatiality. From the cambridge companion to Heidegger 's being and time[C]. Mark A. Wrathall(edited) , Cambridge university press,2013.

[12] Steven Crowell. Husserl, Heidegger, and the Space of Meaning: Paths Toward Transcendental Phenomenology[M]. Northwestern University Press.

[13] Kant. What Is Orientation in Thinking? (1786) in Political Writings[M]. ed. Hans Reiss, trans. H. B. Nisbet, 2nd ed. Cambridge: Cambridge University Press, 1991.

[14] Samuel Todes.The human body as material subject of the world[M]. New York: Garland Press,1990.

[15] Malpas Jeff. Place and Experience[M]. Cambridge: Cambridge University Press,1999.

[16] David Morris. The Shape of Space[M]. New York: SUNY Press, 2004.

[17] Michel Haar. The song of earth:Heidgger and the Grounds of the Histroy of the Being[M]. Trans.Reginald Lilly.Indiana University Press,1993.

[18] William blattner. Heidegger 's Temporal Idealism [M]. Cambridge University Press,1999.

[19] Françoise Dastur. Heidegger and the Question of Time[M]. trans,François Raffoul and David Pettigrew.Amherst, N.Y.:Humanity Books,1999.

[20] Hubert L. Dreyfus and Mark A.Wrathall.A Companion To Heidegger[C].

Wiley–Blackwell,2007.

[21] Martin Heidegger .Contributions to philosophy: of the event[M]. Trans, Daniela Vallega–Neu.Indiana university press,2012.

[22] Vallega–Neu, Daniela. Heidegger's Contributions to Philosophy: An Introduction–Studies in Continental Thought[M]. Indiana University Press,2003.

[23] Edward Soja.Postmodern Gergraphies : The Reassertion of Space in Critical Social Theory[M]. London: Verso,1989.

[24] Joseph P. Fell. Heidegger and Sartre—An Essay on Being and Place[M]. Columbia University Press，1979.

[25] Lester Embree et. al. (ed.) , Encyclopedia of Phenomenology[C]. Dordrecht : Kluwer,1997.

[26] Jacques Derrida. Geschlecht II:Heidegger's Hand.Deconstruction and Philosophy:The Texts of Jacques Derrida[A]. John Sallis,ed.,The University of Chicago Press,1987.

[27] M.C.Dillon. Merleau–Ponty's Ontology[M]. Indiana University Press,1988.

[28] Kevin A. Aho. Heidegger's Neglect of the Body[M]. SUNY Press,2009.

三、中文期刊及论文

[1] 陈嘉映 . 自然哲学与近代物理学之辩 [J]. 学术月刊，2006，38(5) : 51-54 .

[2] 吴国盛 . 希腊人的空间概念 [J]. 哲学研究，1992，（11）: 66-74.

[3] 吴国盛 . 宇宙论的历史与哲学 [J]. 自然辩证法通讯，1990，70（6）: 1-8.

[4] 陈嘉映 . 从希腊天学到哥白尼革命 [J]. 云南大学学报（社会科学版），2007（6）: 3-16.

[5] 王典 . 亚里士多德空间观的逻辑进程 [J]. 学术交流，2016，32（3）: 38-42.

[6] 王钰 . 身体的位置：海德格尔空间思想演进的存在论解析 [J]. 世界哲学，

2008，53（6）：109–117.

[7] 朱清华.海德格尔对主体"自我"的解构 [J]. 世界哲学，2009，54（6）：107–115.

[8] 朱清华.海德格尔的 aletheia[J]. 外国哲学，2012，29（6）：155–172.

[9] 陈勇.论笛卡尔真理观的三个方面 [J]. 社会科学家，2016，31（4）：20–25.

[10] 吴增定.现象学与"对世界的信任"：以胡塞尔和海德格尔为例 [J]. 复旦学报 (社会科学版)，2013，79（4）：43–52.

[11] 张振华.精神修炼视角下的海德格尔后期哲学 [J]. 外国哲学，2018，35（2）：98–108.

[12] 王庆节.超越、超越论与海德格尔的《存在与时间》[J]. 同济大学学报 (社会科学版)，2014，25(1)：5–12.

[13] 吴增定.《艺术作品的本源》与海德格尔的现象学革命 [J]. 文艺研究，2011，33（9）:16–24.

[14] 张旭.《存在与时间》的方法、内容和叙事 [J]. 江海学刊，2004，47（1）：52–56.

[15] 让－弗朗索瓦·库尔蒂内，王睿琦，张生.事物与空间：现象学的新进路 [J]. 同济大学学报，2019，30(3)：1–12.

[16] 王亚娟.梅洛－庞蒂与海德格尔之间"缺失的对话" [J]. 哲学动态，2014，52（10）：43–52

[17] 朱清华.海德格尔的遮蔽和真理 [J]. 世界哲学，2017，62（1）：106–111.

[18] 孙周兴.aletheia 与现象学的思想经验 [J]. 现代哲学，2012，（1）：45–52.

[19] 张中.深度空间与纯粹的身体：梅洛－庞蒂现象学美学的起点 [J]. 江淮论坛，2010，53（3）：84–89.

四、英文期刊及论文

[1] Ernst Tugendhat, "Heidegger's Idea of Truth," in Hermeneutics and

Truth (Evanston, Ill.: Northwestern University Press, 1994).

[2] Jeff Malpas, "The Twofold Character of Truth: Heidegger, Davidson, Tugendhat," DIVINATIO, volume 34, autumn–winter 2011.

[3] Davidson, "Three Varieties of Knowledge in Subjective, Intersubjective, Objective," Royal Institute of Philosophy Supplement(1991).

[4] Dastur, Franc, oise, "Phenomenology of the Event: Waiting and Surprise," Hypatia 15, no. 4 (fall 2000).

[5] Søren Overgaard, " Heidegger on Embodiment," Journal of the British Society for Phenomenology 35(2004).

[6] Stephan, Käufer , "Systematicity and Temporality," Journal of the British Society for Phe– nomenology 33 (2002).

[7] David R. Cerbone, "Heidegger and Dasein' s Bodily Nature: What Is the Hidden Problematic?" International Journal of Philosophical Studies 8 (2000).

[8] Arisaka, "Spatiality.Temporality, and the Problem of Foundation in Being and Time," Philosophy Today 40 (1996).

[9] Thomas Sheehan, "kehre and ereignis : a prolegomenon to introduction to metaphysics," Pholosopy.2001.

[10] Julian Young, "Heidegger's Philosophy of Art," Cambridge University Press,2001.

[11] John D. Caputo, "Demythologizing Heidegger: Aletheia and the history of Being," The Review of Metaphysics, Vol.41; No.3(Mar.,1988).

[12] J.Glenn Gray, "Heidegger' s Course: From Human Existence to Nature," Journal of Philosophy, vol.54,No.8(apri.11,1957).

[13] E. Mattews, "The Philosophy of Merleau–Ponty," Chesham: Acumen,2002.

[14] Machamer P K, "Aristotle on Natural Place and Natural Motion, " Isis, 1978.69(248).